초판 1쇄 2016년 9월 2일 | 초판 4쇄 2021년 1월 25일

글 김영숙 | 그림 조승연
책임 편집 최은영 | **편집장** 정혜원 | **마케팅** 강백산, 강지연 | **디자인** 민트플라츠 송지연

펴낸이 이재일 | **펴낸곳** 토토북 04034 서울시 마포구 양화로11길 18, 3층 (서교동, 원오빌딩)
전화 02-332-6255 | **팩스** 02-332-6286 | **홈페이지** www.totobook.com
전자우편 totobooks@hanmail.net | **출판등록** 2002년 5월 30일 제 10-2394호
ISBN 978-89-6496-312-8 73910

ⓒ 김영숙, 조승연 2016

이 책은 저작권법에 의해 보호를 받는 저작물이므로 무단 전재 및 무단 복제를 금합니다.
잘못된 책은 바꾸어 드립니다.

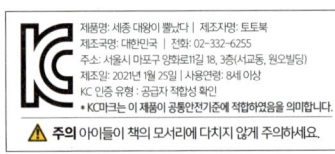

애민 정신에서 찾은 한글 탄생의 비밀

세종 대왕이 뿔났다

김영숙 글 | 조승연 그림
김주원(서울대학교 언어학과 교수) 감수·추천

추천의 글

[한글 탄생의 비밀은
　　세종의 애민 정신에 있어요]

　'세종' 하면 어떤 것들이 떠오르나요? 한글을 떠올리기도 할 테고, 측우기와 해시계 같은 발명품들도 생각날 것입니다. 또 만 원짜리 지폐에 담긴 인자한 모습도 머릿속에 그려질 것입니다. 이처럼 세종은 아주 뛰어난 조선의 임금이었습니다. 정치, 경제, 과학, 예술 등의 기초를 쌓고, 나라의 질서를 탄탄히 다졌지요. 어떻게 이런 일들을 모두 해낼 수 있었을까요? 비밀은 바로 백성을 사랑했던 세종의 마음에 있습니다. 조금 어렵게 말하면 애민 정신이 있었기에 가능했던 거지요.

　예를 들어 볼까요? 세종이 나라를 다스리던 때에 자식이 부모를 죽이는 일이 벌어졌습니다. 세종은 어떻게 하면 같은 일이 되풀이되지 않을까 고민하였습니다. 쉽게는 죄를 지은 사람한테 벌을 주는 방법이 있었을 것입니다. 그러면 벌을 받는 사람이든 그걸 본 사람이든 겁을 먹고 똑같은 죄를 짓지 않을 테니까요. 하지만 세종은 스스로 무엇이 옳고 그른지를 판단하는 게 중요하다고 생각했습니다. 그래서 그림을 덧붙인 책을 백성들에게 나누어 주기로 했지요. 왜 그림을 넣었냐고요? 대부분 백성들이 한자를 읽지 못했기 때문입니다. 이처럼 책 한 권을 만드는 데에도 세종은 백성을 끔찍이 생각했습니다.
  무엇보다도 세종의 애민 정신이 두드러지는 건 한글입니다. 세종은 글을 읽지 못하는 백성들이 안타까웠습니다. 또 누구나 자신의 생각을 글로 나타낼 수 있어야 한다고 생각했습니다. 그래서 밤낮을 새워 가며 글자를 연구한 결과, 한글이라는 발명품을 탄생시켰습니다.
  이 책은 조선 시대로 돌아간 쌍둥이 형제가 세종과 집현전 학사들을 만나면서 알게 된 이야기를 담고 있습니다. 수많은 어려움 속에서도 백성을 사랑하는 마음 하나로 글자를 완성했던 세종의 모습을 보여 주지요. 쌍둥이 형제를 따라가면서 세종의 따뜻한 마음을 느껴 보세요. 그러다 보면 한글을 아끼고 사랑하는 마음을 자연스레 갖게 될 것입니다. 이 책을 읽는 어린이 여러분 모두 세종의 애민 정신이 담긴 우리 글자를 소중히 지켜 나가기를 간절히 바랍니다.

김주원

쌍륙 놀이 속으로 떠나는 신나는 마법 여행

 조선에서 널리 행해졌던 놀이 중에 쌍륙 놀이라는 게 있어. 편을 갈라 차례로 주사위를 던지고, 나온 수만큼 말을 움직여 먼저 궁에 들어가는 놀이야. 일종의 보드게임 같은 거지. 남녀노소 누구나 할 수 있고, 특히 바깥출입이 자유롭지 못한 양반 댁 여인들이 자주 하는 놀이였어. 누군가에게는 지루함을 달래는 소일거리였겠지만, 어느 누군가에게는 실제로 가 보지 못한 궁궐을 상상하며 유람을 하는 시간이었을 거야. 그런데 놀이판 어딘가로 진짜 가게 된다면 어떨까?

 이 책의 주인공 강이와 산이에게 그런 마법 같은 일이 벌어져. 처음 쌍륙궐람도 놀이판을 보았을 때에는 그저 낡은 골동품에 지나지 않았어. 그런데 두 개의 주사위가 동시에 '육'이 나오면서 상상을 초월하는 모험이 펼쳐지지. 조선의 궁궐, 그것도 집현전으로 가게 되면서 말이야. 왜 하필 고리타분한 집현전이냐고? 모르는 말씀! 강이와 산이가 집현전에서 보고 듣고 만나는 이야기는 상상을 뛰어넘어. 게다가 세종을 직접 만난다고 생각해 봐. 대단하지 않니?

만약 우리 역사에 세종이 없었다면 어땠을까? 당연히 한글도 만들어지지 않았을 테고, 우리는 지금과 전혀 다른 모습으로 살아가고 있을 거야. 그만큼 세종과 한글이 우리 역사와 삶에 큰 영향을 미쳤단 말이지. 조선은 양반과 양반이 아닌 사람들을 엄격히 구분한 시대라서, 양반에게만 허락되는 일들이 많았어. 글을 쓰는 것도 양반의 특권 중 하나였지. 이런 상황에서 모든 사람이 쓸 수 있는 쉬운 글자를 만들자고 하면, 양반들이 눈을 부릅뜨고 달려들 거야. 그래서 세종은 아무도 모르게 글자를 만들었어. 많은 사람들이 반대할 걸 알았으니까. 그런데 왜 세종은 남들이 반대하는 일을 굳이 하려고 했던 걸까? 그 이유는 딱 하나였어. 바로 백성을 제 자식처럼 아끼고 사랑하는 마음, 그게 없었다면 한글은 절대 탄생하지 못했을 거야.

　그나저나 강이와 산이의 여행이 궁금하지 않니? 지금부터 우리를 한글이 만들어지던 그때 그곳으로 이끌 거야. 자, 그럼 놀이 한판 해 볼까? 마법의 주사위가 모두 육이 나오면 이렇게 외치는 거다. "쌍륙일세!"

　　　　　　　　　　　　　　　　　　　　　　김영숙

차 례

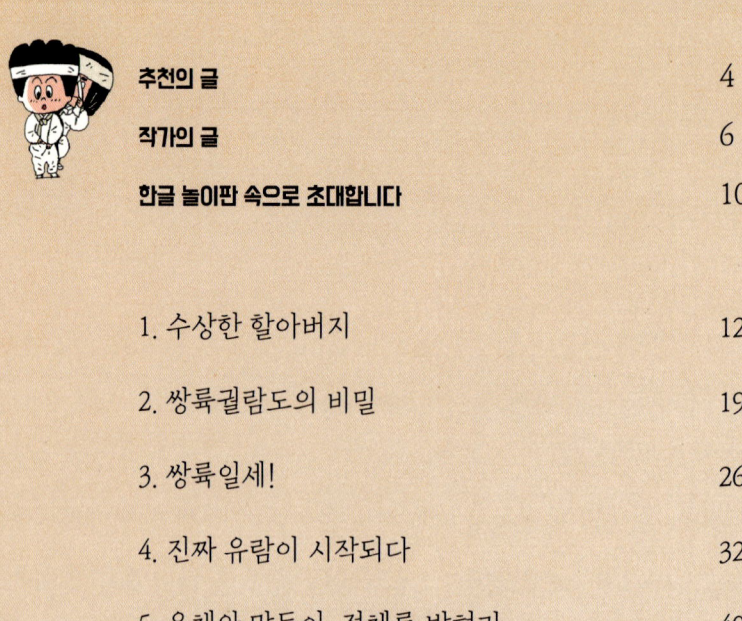

추천의 글	4
작가의 글	6
한글 놀이판 속으로 초대합니다	10
1. 수상한 할아버지	12
2. 쌍륙궐람도의 비밀	19
3. 쌍륙일세!	26
4. 진짜 유람이 시작되다	32
5. 윤채와 막둥이, 정체를 밝혀라	40
6. 집현전이 이상하다고?	51

[훈민정음 창제 프로젝트 1단계] 백성들의 어려움을 살펴라

7. 세종이 내린 특명 60
[훈민정음 창제 프로젝트 2단계] 누구나 쉽게 배우는 글자를 만들자

8. 최만리와 정인지의 불꽃 대결 72

9. 폭풍우가 몰아치다 79
[훈민정음 창제 프로젝트 3단계] 신하들의 반대를 이겨 내라

10. 경회루를 찾은 이유 92

11. 아슬아슬한 만남 102

12. 쌍둥이의 맹활약 108

13. 반드시 정음을 지켜라 117
[훈민정음 창제 프로젝트 4단계] 훈민정음을 널리 알려라

14. 한글, 무사히 태어나다 128

* 놀이도 즐기고! 퀴즈도 풀고!

한글 놀이판 속으로 초대합니다

벼룩시장에서 산 놀이판 구경해 볼래?
쌍둥이 아빠

뭐든지 척척! 완벽하게 해내지!
쌍둥이 엄마

겁이 좀 많지만 결정적일 때에는 용감해진다고!
강이

난 생각보다 행동이 먼저 앞서는 행동파!
산이

백성을 사랑하는 걸로는 왕 중에 내가 최고일걸?
세종 대왕

난 쉽게 흔들리지 않는 대쪽 같은 사람이야.
부제학 최만리

　동네 놀이터에서 벼룩시장이 한창이야. 처음에는 아나바다 운동으로 시작했는데, 사람들이 점점 몰리면서 주말 장터로 자리 잡게 되었어. 그래서 날씨가 좋은 주말이면 어김없이 놀이터가 장터로 바뀌곤 해. 정해진 시간이나 규칙 같은 건 없고, 동네 주민이라면 누구나 물건을 사고팔 수 있어.

　오늘은 쌍둥이네 가족도 벼룩시장에 나서 볼 참이야. 방구석에 처박아 둔 장난감이며, 어릴 적 읽었던 그림책, 작아진 부츠와 샌들, 세발자전거 두 대, 잘 안 쓰는 커피 머신, 새것 같은 등산화……. 이것저것 모았더니 한 짐이야. 아침부터 서둘렀는데도 좋은 자리는 이미 다른 사람들이 차지했어. 쌍둥이 엄마는 이리저리 살피며 잠시 생각하더니, 목이 좋아 보이는 자리에 돗자리를 펼쳤어.

"강아, 산아, 어서 물건 정리하자. 시장에선 디스플레이가 아주 중요하거든."

쌍둥이 아빠가 두 형제에게 너스레를 떨었어. 올해 열 살이 된 쌍둥이 형제의 이름은 강이와 산이야. 강이가 형이고, 산이가 동생이지.

"봐 봐. 그림책은 이렇게 세워서 세트로 묶고, 세발자전거는 돗자리 옆에 두자. 또……."

쌍둥이 아빠는 집에서 가져온 책이며 옷가지, 신발 등을 보기 좋게

늘어놓았어.

"이 책 얼마예요?"

"책은 세트로만 팔아요. 한 권에 천 원씩 해서 삼만 오천 원인데, 세트로는 삼만 원에 드려요."

손님들을 곧잘 끌어모으는 쌍둥이 엄마 덕분에 첫 손님이 책을 꾸러미째 사 갔어.

"기분 좋다! 다른 물건들도 슬슬 팔아 볼까?"

쌍둥이 엄마는 본격적으로 물건 팔기에 열을 내기 시작했어. 부츠는 한 철밖에 안 신어서 상태가 아주 좋다는 둥 이 샌들로 말할 것 같으면 편하기가 둘째가라면 서럽다는 둥 열혈 장사꾼으로 돌변했지. 그러더니 얼마 지나지 않아 갖고 나온 물건들을 거의 다 팔아 치웠어.

"기분이다! 오늘은 너희가 사고 싶은 거 맘껏 사!"

쌍둥이 엄마는 만 원짜리 한 장을 강이와 산이에게 주었어.

"와, 신난다!"

강이와 산이는 환호성을 질렀어. 만 원이라니, 정말 파격적인 용돈이야. 아무리 졸라도 천 원 한 장 얻어 내기 힘든 짠돌이 엄마거든.

강이와 산이는 아빠와 함께 벼룩시장 구경에 나섰어. 시장에는 쌍둥이의 눈길을 끄는 물건들로 가득했지. 그중 강이의 걸음을 멈추게 한 물건이 하나 있었어. 나무를 깎아 고무줄로 이은 새총이었는데, 단돈 천 원이었지. 강이는 냅다 새총을 샀고, 입이 귀에 걸릴 정도로 환하게 웃었어. 반면 산이는 심통이 났어. 자신도 새총이 갖고 싶었는데, 강이가 고른 게 마지막으로 남은 거라 살 수 없었거든. 아빠가 새총보다 더 좋고 비싼 걸 고르라고 했지만, 새총, 새총 노래만 불렀어. 하지만 벼룩시장 어디에도 새총은 볼 수 없었지.

결국 산이는 아무것도 사지 못한 채 발길을 돌렸어. 쌍둥이 아빠는 조만간 장난감 총을 사 주겠다고 말하면서 시무룩해진 산이를 달랬어.

"산아, 우리 저기 한번 가 보자."

쌍둥이 아빠는 후미진 곳에 자리 잡은 할아버지를 가리키며, 산이를 불렀어. 긴 두루마기와 중절모, 수염까지 독특한 분위기가 느껴지는 수상한 할아버지였지.

"어르신, 이게 뭔가요?"

쌍둥이 아빠는 할아버지가 갖고 나온 물건을 보며 물었어. 쌍둥이는 할아버지의 눈빛에 압도당한 채, 그 모습을 지켜볼 뿐이었지. 할아버지 앞에 놓인 물건은 딱 하나였어. 바로 낡은 나무 상자. 수상한 할아버지는 미닫이문처럼 생긴 상자 뚜껑을 양쪽으로 스르륵 열었어.

"이건 쌍륙궐람도 놀이판일세."

"쌍? 뭐? 이름 되게 이상하다. 크크."

쌍둥이 아빠는 눈을 부릅뜨며 강이와 산이에게 조용히 하라는 손짓을 보냈어.

"이게 놀이판이라고요?"

수상한 할아버지는 아무 말 없이 상자 안에서 작은 주머니를 꺼냈어. 그러고는 또다시 나무 주사위와 여러 개의 말들을 꺼내 보였지.

"이 놀이는 주사위 두 개와 일곱 개의 말들을 갖고 하는 놀이라네. 안에 설명서가 있으니 갖고 가서 해 보게나."

수상한 할아버지는 상자에서 낡은 종이 뭉치를 꺼내어 쌍둥이 아빠에

게 건넸어. 누렇게 변한 것이 딱 봐도 오래되어 보였지. 쌍둥이 아빠는 종이를 조심스레 펼쳤어. 종이에는 한글이 빽빽하게 적혀 있었고, 그림도 몇 개 그려져 있었어.

"꽤 자세하게 적혀 있네요. 그나저나 이 놀이판은 누가……."

"필요하면 가져가게."

수상한 할아버지는 펼쳐 두었던 보자기와 눕혀 둔 지팡이를 주섬주섬 챙긴 뒤에 일어섰어.

"어르신, 평범한 물건이 아닌 것 같은데 왜 팔려고 하십니까?"

"팔려고 나온 게 아니라네. 누군가에게 건네주러 왔지."

"그럼 이건 얼마인지……."

"팔려고 온 게 아니라지 않나!"

수상한 할아버지는 쌍둥이 아빠에게 버럭 화를 내더니 뒤로 돌아섰어. 쌍둥이 아빠는 부랴부랴 바지 주머니를 더듬거리며 말했어.

"제가 지갑을 두고 나오는 바람에……. 이거 약소하지만……."

쌍둥이 아빠는 새총을 사고 남은 구천 원을 수상한 할아버지 윗옷 주머니에 슬쩍 넣었어. 멀찍이 그 모습을 지켜보던 쌍둥이 눈에는 아빠와 할아버지가 실랑이를 벌이는 것 같았지. 잠시 후, 쌍둥이에게 돌아온 아빠가 산이에게 낡은 나무 상자를 건넸어.

"산아, 새총 대신 이거! 네 선물이야!"

"엥? 싫어요. 나도 새총 사 줘요! 아니 장난감 총 사 준다고 했잖아요! 으앙!"

결국 산이는 울음을 터트렸어.

"아빠, 제가 봐도 이건 좀 심해요."

말리는 시누이가 더 얄밉다고, 옆에 있던 강이의 말에 산이는 더욱 목청 높여 울었지.

2. 쌍륙퀼람도의 비밀

"보면 볼수록 참 잘 만들었다니까."

쌍둥이 아빠는 주사위를 던져 가며 설명서를 보고 또 봤어.

"당신도 참! 애들 용돈 뺏어서 이상한 거나 사고……."

쌍둥이 엄마가 혀를 끌끌 찼어.

"처음엔 얼떨결에 들고 왔는데, 와서 보니 보통 물건이 아니야. 누가 만들었는지 몰라도 꽤나 공을 들인 것 같아. 강아, 산아, 이리 와서 아빠랑 한판 붙자."

"관심 없어요."

강이가 시큰둥하게 말했어. 산이는 놀이판을 흘겨보기까지 했지. 놀이판 때문에 자기 용돈을 날린 것 같아 심술이 났거든.

"이거 〈TV 진짜 명품〉에 가지고 나가 볼까? 엄청 가치 있는 것 같다니까."

"꿈 깨요, 꿈 깨! 그런 물건이 왜 벼룩시장에 나왔대? 내 눈엔 하나도 특별해 보이질 않네요!"

쌍둥이 엄마가 핀잔을 주었지만 쌍둥이 아빠는 꿋꿋하게 놀이판 예찬을 멈추지 않았어.

"이 놀이는 선비, 군졸, 농부, 상인, 장인, 거지, 노비 들이 궁궐을 유람하는 명품 놀이야."

"거지나 노비 같은 사람들이 어떻게 궁궐을 유람한대?"

쌍둥이 아빠는 예상하지 못한 물음에 잠시 당황하는가 싶더니, 이내 무릎을 팍 내리쳤어.

"그들 중에 한 번이라도 궁궐에 가 본 사람이 몇이나 될까? 이 놀이판은 신분과 계급이 낮은 하층민들을 위한 거야. 놀이를 통해서나마 궁궐을 돌아다닐 수 있도록 한 거라고! 어때, 놀랍지 않아?"

"에이, 그건 좀 아니다."

"당신도 잘 봐. 애민 정신이 느껴진다니까? 백성을 사랑하고 배려하는 마음, 애민 정신 말이야."

쌍둥이 엄마는 아까부터 연신 고개만 내저었어.

"그러지 말고 어서 모여 봐. 진짜 재미있다니까."

쌍둥이 아빠가 하도 귀찮게 구는 바람에, 하나둘씩 놀이판 주위로 모여 앉았어.

"먼저 주사위를 던져서 말부터 뽑자."

"잠깐, 하층민만 있다면서 선비는 뭐지?"

쌍둥이 엄마가 의아한 듯 물었어.

"딱 보면 모르겠어? 가난하고 힘없는 선비지."

"얘들아, 너희 아빠 쌍륙인지 뭔지 하는 놀이판 전문가 다 되셨다."

아빠를 비꼬는 엄마의 말에 강이와 산이가 키득거렸어.

주사위로 가장 큰 수가 나온 쌍둥이 엄마는 선비를, 쌍둥이 아빠는 장인을, 강이는 군졸을, 마지막으로 산이는 농부를 골랐어. 놀이 방법은 어렵지 않았어. 주사위를 던져서 나온 수만큼 말을 움직이면 되는 거였지. 억지로 시작한 놀이였지만, 막상 해 보니 흥미진진했어. 궁궐의 설계도 같은 놀이판을 들여다보는 재미도 쏠쏠했지.

"이게 뭐야? 농부만 앞서 가고……."

어찌 된 일인지 군졸을 뽑은 강이는 계속 벌칙을 받았어. 감옥에서 보초를 서느라 한참을 쉬기도 하고, 왔던 길을 되돌아가기도 했지. 반면

농부를 고른 산이는 빠른 속도로 궁궐 유람을 즐겼어.

"주사위를 잘 던져서 어명 카드를 뽑아."

"아니면 쌍륙을 던지든가."

쌍둥이 엄마와 아빠가 번갈아 가면서 말했어. 쌍륙궐람도 놀이판의 묘미는 두 가지였는데, 하나는 어쩌다 만나게 되는 어명이었고, 나머지 하나는 쌍륙이었어. 쌍륙, 그러니까 두 개의 주사위를 던져 모두 육이 나오면 열두 칸을 나갈 수 있고, 한 번 더 주사위를 던질 수 있는 기회까지 주어졌어. 그래서 쌍륙 한 방이면 손쉽게 놀이의 승자가 될 수 있었지.

"이번엔 제발 쌍륙이 나올 수 있게 해 주세요. 제발!"

강이는 간절한 마음으로 주사위 두 개를 높이 던졌어. 하지만 결과는 1과 2. 강이의 얼굴이 붉으락푸르락 달아올랐어. 다음 차례인 산이가 간신히 웃음을 참으며 주사위를 던졌어.

"오예! 이번에도 어명이야! 조금만 있으면 골인 지점인 광화문에 도착하겠어."

산이는 '어명'이라고 적힌 카드를 한 장 뽑았어. 놀이판 중간중간에 어명이 적힌 곳이 있는데, 여기에 들어가게 되면 카드를 한 장 뽑을 수 있었어. 운이 나쁘면 뒤로 가거나 한 번 쉬라는 카드가 걸리지만, 산이는 다행히 두 칸 앞으로 가라는 어명을 받았어.

"왜 농부만 이렇게 잘 나와? 나도 다음엔 농부 고를 거야."

강이가 투덜거렸어. 이 와중에 쌍둥이 아빠가 뜬금없이 진지한 표정으로 말하기 시작했어.

"아무래도 조선 시대에 만들어진 놀이판 같다니까? 조선은 '농자천하지대본'이라 해서 농사를 근본으로 삼았어. 유독 농민한테 특혜가 주어지는 게 이상해."

"조선은 무슨 조선! 조선 시대에 만들어졌는데 왜 한글로 적혀 있겠어?"

"어리석은 백성이 이르고자 하는 바가 있어도 제 뜻을 말하지 못하나니, 이를 불쌍히 여겨 새로 스물여덟 자를 만들어 사람들마다 쉽게 익혀 매일 쓰게 하여 편안하게 할 따름이다……. 당신, 국어 시간에 졸았어?"

쌍둥이 엄마가 선뜻 대답하지 못하자, 쌍둥이 아빠는 이때다 싶어 더욱 목청 높여 말했어.

"한글이 조선 시대에 만들어진 거 몰라? 세종이 백성을 사랑하는 마음으로 만들었잖아."

쌍둥이 엄마가 자존심이 상했는지 발끈했어. 쌍둥이 아빠는 그런 모습이 재미있는지 꿋꿋하게 말을 이어 나갔지.

"힘없는 백성이 궁궐에 가고자 하는 뜻이 있어도 가지 못하나니, 이를 불쌍히 여겨 새로 놀이판을 만들어 사람들마다 쉽게 익혀 매일 놀게 하여 만족하게 할 따름이다……. 어때, 그럴싸하지?"

강이와 산이의 입이 떡 벌어졌어.

"아빠, 그럼 이거 진짜 세종 대왕이 만든 거예요?"

"하하, 꼭 그런 건 아니고……. 하지만 세종의 뜻이 담긴 건 확실해. 단순한 놀이판이 아니야."

쌍둥이 아빠의 말이 맞는지는 모르겠지만, 어찌 됐든 첫 번째 놀이에서는 산이가 이겼어. 다음 판에서는 장인을 고른 쌍둥이 아빠가 가장 먼저 궁궐 유람을 마쳤지. 반면 선비를 고른 쌍둥이 엄마는 꼴찌를 차지했어.

"놀이 결과 한번 절묘하네. 과거에도 떨어지고, 궁궐 유람에서도 꼴찌를 하다니. 하하."

"뭐, 뭐라고?"

"아니, 당신 말고 선비 말이야!"

쌍둥이 엄마가 매섭게 노려보면서 '한 판 더'를 외쳤어. 그러는 바람에 놀이는 두 번, 세 번 계속되었지.

3. 쌍륙일세!

　쌍륙궐람도 놀이는 어느새 쌍둥이네 가족 놀이로 자리 잡았어. 전에 같으면 가위바위보로 정했던 일을 이제는 쌍륙궐람도 놀이로 판가름을 냈지. 방 청소를 할 때나 심부름을 할 때, 외식 메뉴를 고를 때나 용돈 액수를 정할 때에도 쓰였어.

　하루는 강이와 산이가 직접 놀이 설명서를 펼쳤어. 아빠의 설명으로만 들어 보았지, 설명서를 자세히 들여다본 건 이번이 처음이야.

　"이것 좀 봐. 근정전은 왕이 나랏일을 보는 곳이니, 여길 지날 때에는 떠들지 말래. 또 강녕전과 교태전은 왕과 왕비가 주무시는 곳이기 때문에 행동을 조심하라고 하네? 크하하. 누가 보면 진짜 궁궐 유람을 위한

안내서인 줄 알겠다."

"이건 더 웃겨! 쌍륙이 나오면 '쌍륙일세'라고 외치고 차분하게 유람을 준비하래."

"큭큭. 근데 이 설명은 뭐냐? 하루가 지나기 전에 출발했던 대문으로 돌아갈 것?"

"아, 몰라. 그런 건 나중에 아빠한테 물어보고, 우린 놀이나 한판 시작하자."

"좋아! 이번엔 꼭 '쌍륙일세'라고 크게 외쳐 봐야지."

먼저 말을 고를 수 있게 된 강이는 농부를 뽑고, 산이는 장인을 골랐어. 그리고 강이는 남쪽 대문인 광화문에서, 산이는 동쪽 대문인 건춘문에서 각각 출발했어.

"어이, 장인! 유람은 언제 하려고 계속 건춘문 주위만 얼쩡거리시나?"

산이의 말이 출발지였던 건춘문으로 다시 돌아가는 바람에 강이의 말과 점점 벌어졌어. 강이는 지난번 일을 복수라도 하듯 산이를 약 올리며 힘껏 주사위를 던졌어. 3과 4. 큰 수인 4만큼 움직이니 집현전이야.

"집현전 도착! 집현전에 온 건 처음이네."

산이는 집현전에 떡하니 자리 잡은 강이의 말을 뚫어져라 봤어. 그러고는 긴장된 마음으로 주사위를 잡았지.

"이번에는 마음을 비우고 던져야겠어. 욕심을 내니까 잘 안 되는 것 같아."

"네 마음대로 하셔."

"쳇! 두고 봐."

산이는 될 대로 되라는 마음으로 주사위를 던졌어. 주사위는 유난히 높이 올라갔고, 빙글빙글 돌다가 놀이판 위로 떨어졌지. 그런데 이게 웬일이야? 그동안 한 번도 나오지 않던 쌍륙이 나왔어.

"와! 쌍륙이다, 쌍륙!"

산이는 자리에서 일어나 소리를 질렀어. 강이는 완전 허탈한 표정을 지었지. 산이는 설명서에 적힌 대로 열두 칸을 옮겨 갔어. 그랬더니 강이가 먼저 도착해 있던 집현전이지 뭐야. 산이는 강이의 말 옆에 딱, 소리를 내며 힘차게 자신의 말을 내리꽂았어. 그러고는 기분 좋게 큰소리로 외쳤어.

"쌍륙일세!"

그때였어. 놀이판이 심하게 흔들리더니 강이와 산이의 몸까지 좌우로 심하게 흔들렸지.

"어, 어? 이거 왜 이래?"

"으악!"

산이가 소리를 치며 강이의 손을 꼭 붙들었어. 둘은 어디론가 빨려 들어가는 듯한 느낌을 받았어. 정신을 잃은 것처럼 아득하기도 하고, 한편으로는 정신이 점점 더 또렷해지는 것도 같았지.

"강아!"

"산아!"

서로 손을 잡고 있는데도 옆에 있는지 도무지 알 수 없었어. 그저 두 눈을 질끈 감고 목청껏 서로의 이름을 불러 댈 뿐이야.

4. 진짜 유람이 시작되다

얼마나 시간이 지났을까? 흔들림이 잠잠해지더니, 구름 위에 붕 뜬 것 같은 이상한 느낌이 사라졌어. 꽉 맞잡은 손에는 땀이 흥건히 배어 있었지.

"대체 어떻게 된 거야? 우리 같이 있는 거 맞아?"

산이가 호들갑스레 강이를 얼싸안으며 말했어.

"응, 맞아. 근데 여기가 어디지?"

강이가 주변을 돌아봤어. 산이도 강이를 따라 주위를 살폈지.

"경복궁인 것 같은데……."

"뭔가 분위기가 이상해. 설마……."

강이와 산이가 서로 눈을 마주쳤어. 그러고는 누가 먼저랄 것도 없이 급히 손목에 찬 시계를 봤어.

"말도 안 돼!"

시계가 가리키는 날짜는 1444년 2월 20일.

"산아, 이게 무슨 일이야? 네가 쌍륙을 던지고 말을 놓으면서 이렇게 된 거지?"

"우리 궁궐 유람 온 거야? 설명서에 적힌 대로?"

"얼른 여기에서 빠져나가자. 다시 돌아가려면 어떻게 해야 하지? 설명서에 뭐라고 적혀 있었더라?"

"우리한테 어떻게 이런 일이 생길 수 있지?"

강이는 마음이 조마조마한데, 산이는 잔뜩 신이 났어.

"야, 여기에서 나갈 방법을 찾아야 한다고!"

"무슨 소리야? 궁궐에 왔으면 유람을 해야지. 이왕 온 거 쓱 돌아보기라도 하자."

강이와 산이는 궁궐 유람을 하느냐 마느냐를 두고 한참을 옥신각신했어. 그러다 한 무리가 다가오는 모습을 발견하고는 부랴부랴 건물 기둥 뒤로 몸을 숨겼지. 사모관대를 갖춰 입은 것이, 한눈에 봐도 딱 궁궐의 관리 같았어.

"전하께서는 어찌 그런 중요한 일을 이리도 가벼이 정하신단 말입니까?"

"누가 아니랍니까? 이거 보통 일이 아닙니다."

"조용히 하세요. 누가 들을까 두렵습니다. 집현전에 들어가서 마저 이야기 나눕시다."

예닐곱 정도의 사람들이 웅성대면서 건물 안으로 들어갔어.

"그 놀이판이 우리를 집현전으로 데려다주었어! 낡은 놀이판이 타임머신일 줄이야!"

산이는 신기한 듯 집현전을 기웃거리며 말했어.

"누가 보면 어쩌려고 그래. 사람들 눈에 띄면 골치 아파."

강이는 기둥 밖으로 나가려는 산이를 겨우 끌어서 집현전 건물 뒤편 후미진 곳으로 몸을 피했어.

"가만히 좀 있어. 들키면 큰일 난다고!"

"조용히 보기만 하는데, 왜 그래?"

강이와 산이가 또다시 티격태격 다퉜어. 산이는 집현전 안을 들여다보려 하고, 강이는 그런 산이를 말렸지.

"이놈들, 벌써 들켰다!"

묵직한 손 두 개가 쌍둥이의 목덜미를 낚아챘어. 강이와 산이는 무슨 수를 쓸 틈도 없이 어디론가 질질 끌려갔지.

"웬 놈들이냐? 바른대로 말하지 못할까!"

강이와 산이는 조심스레 얼굴을 들었어. 그리고 자신들을 여기로 끌고 온 정체를 확인했지. 뿔난 도깨비라도 되는 줄 알았는데, 다행히 도깨비는 아니었어. 단정한 매무새에 단호한 표정, 그러나 어딘지 모르게 착해 보이는 아저씨가 허리춤에 두 손을 얹고 쌍둥이를 노려보고 있었어.

"여기가 어디라고 감히 얼쩡대느냐? 배워 먹지 못한 옷차림에……."

아저씨 눈에는 쌍둥이가 입은 티셔츠와 바지, 짧은 머리와 운동화 차림이 이상하게 보일 수밖에! 그런데 갑자기 아저씨의 표정이 조금씩 굳

어지기 시작했어.

"그, 그, 그게 대체 무엇이냐? 아니, 어떻게 그것이……."

강이와 산이는 아저씨가 왜 그렇게 놀란 표정을 짓는지 몰랐어.

"그 누더기는 대체 어디서 난 것이냐?"

"네? 누더기요? 이 옷 말씀하시는 거예요?"

아저씨는 무릎까지 꿇어 가며 강이와 산이가 입은 옷을 보고 또 보았어. 강이와 산이의 티셔츠에는 앞뒤로 한글 문구가 적혀 있었어. 가슴에는 '나랏말씀이', 등에는 '한글 사랑 나라 사랑'이었지. 한글날 행사장에 놀러 갔다가 가족 모두 사 입은 옷이었어.

"어떻게 정음이……."

"정음이요? 강아, 정음이 뭐야?"

"글쎄……. 한글을 말씀하시는 건가?"

"한, 글?"

아저씨는 주변을 살피더니 쌍둥이를 껴안고 어딘가로 발걸음을 옮겼어. 강이와 산이가 끌려간 곳은 작고 아담한 방이었어. 앉은뱅이책상과 단정히 개켜진 이불, 작은 벽장 말고는 군더더기 하나 없는 방이었지. 아저씨는 몇 차례나 주변을 살핀 후, 문을 걸어 잠갔어.

"그래, 너희는 대체 어디에서 온 누구냐?"

아저씨가 숨도 고르지 않은 채로 물었어.

"어디에서 왔냐고 물으시면……. 음, 대한민국 서울에서 왔다고 해야 하나?"

"저, 그게……. 집에서 쌍륙궐람도 놀이를 하고 있었는데, 어쩌다 보니 여기 와 있더라고요……."

강이와 산이가 횡설수설하면서 더듬더듬 말을 이어 나갔어.

"뭣이라! 쌍륙궐람도 놀이라 했느냐? 그 놀이판은 어디에서 구했느냐? 또 어떻게 하는 거냐?"

아저씨가 느닷없이 다그쳤어. 강이는 약간 흠칫했지만 차분하게 대답했어.

"벼룩시장에 나온 어떤 할아버지한테서 샀어요. 선비나 농부 같은 말들을 고르고, 주사위를 던져서 나온 수만큼 옮기면 되는 놀이예요. 저희는 그냥 그 놀이를 하다 '쌍륙일세'라고 외쳤을 뿐인데……."

"그만!"

아저씨는 어지러운지 머리에 손을 짚으며 소리쳤어. 그러고는 정신 나간 사람처럼 중얼대더니, 벽장 속에서 상자 하나를 꺼냈어. 그런데 어찌 된 일인지 쌍둥이가 갖고 놀던 놀이판이 상자 속에 고스란히 들어 있는 거야. 설명서며, 주사위며, 말이며 모두 똑같았지.

"이거 우리가 하던 놀이판인데? 여기에도 있네?"

"이게 무슨 일이란 말인가? 어찌해서 후손들이 여기로 왔단 말인가? 그것도 쌍륙궐람도 놀이를 하다가……."

아저씨는 머리를 내저으며 앓는 소리를 냈어. 아저씨의 모습에 쌍둥이도 얼이 빠졌지.

"아저씨, 괜찮으세요? 얼굴이 하얗게 변했어요."

"얘들아, 이건 내가 만든 것이다……."

아저씨가 말끝을 흐렸어.

"정말이요? 쌍륙궐람도 놀이판을 아저씨가 만들었다고요?"

"우아! 이 놀이가 얼마나 유명했으면, 우리에게까지 온 거지?"

"이건 절대 다른 사람에게 전해질 리 없어. 누가 볼 새라 꽁꽁 감춰 두기까지 했거늘……."

"엥? 왜 감춰요?"

"양반들이 하는 놀이 중에 쌍륙 놀이라는 게 있단다. 편을 갈라서 차례로 주사위를 던지고, 그 수만큼 옮겨서 처음 출발했던 지점에 먼저 도착하는 쪽이 이기는 놀이지."

"그럼 우리가 한 게 그 놀인가 봐요."

"아니다. 너희가 한 건 양반들의 놀이가 아니야. 쌍륙 놀이를 본떠서 내가 몰래 만든 거란다."

"네에?"

대체 어떻게 된 일일까? 이 아저씨는 누구이며, 왜 놀이판을 몰래 만들어 숨겼을까? 쌍둥이는 점점 더 알 수 없는 혼돈 속으로 깊이 빠져들었어.

"너희 이름이 무엇이냐?"

아저씨는 애써 정신을 가다듬고 이름을 물었어.

"저는 이강이고, 얘는 제 동생 이산이에요. 저흰 쌍둥이고요."

"음, 강과 산이라……."

"그런데 아저씨는 누구세요?"

아저씨가 쌍둥이를 궁금해하는 만큼 강과 산이도 아저씨의 정체가 궁금했어.

"난 집현전 서리 윤채라고 한다."

"서리요? 수박 서리, 참외 서리, 그 서린가?"

"야, 설마 그 서리겠냐?"

강이가 산이를 나무랐어. 하지만 산이의 엉뚱함에 팽팽했던 긴장감이 조금 누그러졌지. 윤채 아저씨도 살짝 웃었어.

"서리는 집현전에서 가장 아랫자리에 있는 사람이란다."

"우아, 집현전이라면 한글과 관련된 곳 아니에요?"

"한글? 너희가 사는 곳에서는 정음을 한글이라 부르냐? 백성들 모두 정음을 쓰고?"

"정음? 정음을 쓴다고?"

강이가 고개를 갸우뚱하자, 눈치 빠른 산이가 대신 대답했어.

"네! 모두 한글을 써요. 한글은 우리나라 글자이니까요."

"한글이 정음을 말하는 거구나."

"야, 넌 눈치가 그렇게 없어서 이 험한 세상을 어떻게 살아가려고 그러냐?"

산이가 혀를 차자, 강이가 산이를 째려봤어.

"강아, 산아, 지금부터 내가 하는 말을 잘 들어야 한다."

옥신각신하던 강이와 산이가 아저씨 쪽으로 눈길을 돌렸어.

"집현전 서리는 한마디로 심부름꾼이란다. 책을 정리하기도 하고, 문서도 만들고, 서찰도 전하고, 행사도 준비하지. 그러다 보니 어깨너머로 보고 듣는 게 많아. 그런데 얼마 전, 집현전 학사들을 돕다가 우연히 정음이라는 걸 보게 되었단다."

윤채 아저씨는 이내 심각하고 진지한 표정을 지었어. 강이와 산이도 덩달아 차분해졌지.

"두 달 전, 전하께서 직접 정음을 만들어 신하들에게 발표하셨단다."

"잠깐만요, 정음이 훈민정음을 말하는 거죠? 세종 대왕이 훈민정음을 만드셨다는 건 저희도 알고 있어요."

아저씨는 산이의 말에 잠시 반가운 표정을 지었어. 하지만 또다시 심

한글의 원래 이름

한글이 만들어지기 전까지 우리 조상들은 중국 문자인 한자를 빌려다 썼어. 그런데 한자를 배우는 게 무척 어려워서, 대부분 백성들은 한자를 쓸 줄 몰랐어. 그래서 멀리 있는 사람에게 편지도 제대로 못 쓰고, 억울하게 죄를 뒤집어쓰는 일도 종종 일어났지. 이를 안타깝게 여긴 세종은 누구나 쉽게 배울 수 있는 우리 글자를 만들어야겠다고 마음먹었어. 그렇게 해서 탄생한 것이 바로 훈민정음이야.

그렇다면 한글이라는 이름은 어디에서 나온 걸까? 1910년대 초, 주시경 선생님과 여러 학자들이 '한글'이라는 말을 만들어 쓰기 시작했어. 한글에서 '한'은 '크다'라는 뜻과 '하나'라는 뜻을 가진 우리말이야. 그러니까 한글은 '우리 민족의 위대한 글자'라는 의미지. '훈민정음'이라는 이름 속에도 백성을 향한 세종의 마음이 담겨 있지만, 한자보다 우리글을 쓰는 게 좋다고 생각하여 오늘날까지 한글이라 부르고 있어.

각하게 말을 이었지.

"정음을 처음 봤을 때, 정말 충격이었단다. 집현전에서 읽은 그 어떤 책에서도 정음과 같이 뛰어난 발명품을 본 적 없었거든. 나는 정음을 더 알고 싶었어. 그래서 집현전 학사들 곁을 매일같이 맴돌았지. 학사들이 밤을 새면 나도 밤을 새고, 학사들이 간 후에도 정리를 핑계 삼아 정음을 훔쳐보기도 했으니까. 정말이지 새로운 세계였어!"

쌍둥이는 한글을 두고 발명품이니 새로운 세계니 하며 흥분하는 아저씨가 좀처럼 이해되지 않았어.

"정음을 잠시 보았을 뿐인데도 금세 익힐 수 있었단다. 신기해서 밤마다 정음을 쓰고 또 썼어. 말소리를 글로 적는 기쁨은 뭐라 표현할 수 없었지."

윤채 아저씨의 얼굴이 점점 달아올랐어. 그 모습을 보던 산이가 강이의 옆구리를 콕콕 찌르며 속삭였어.

"야, 아저씨 좀 이상하지 않아? 무서워지려 해."

"가만히 듣고나 있어."

강이는 집게손가락을 입술에 갖다 대며 말했어.

"난 이 놀라운 정음을 사람들에게 알려 주고 싶었어. 왜냐하면 많은 사람들이 한자를 몰라서 글을 쓸 줄 몰랐거든."

"그럼 한자를 배우면 되잖아요."

"한자를 배우는 게 생각처럼 쉽지 않단다. 뜻과 음을 일일이 외우려면 시간이 엄청 필요한데, 다들 살기 바빠서 한자 공부를 따로 할 시간이 없거든. 하루 종일 밭이며, 논이며 일하러 다니는데 언제 한자를 외우겠니?"

"맞아요, 한자 공부는 정말 힘들어요. 작년에 한자 급수 따려다가 몇 글자도 못 외우고 바로 포기해 버렸다니까요."

"조선 시대 사람들도 마찬가지란다. 한자를 외우는 걸 아주 힘들어해.

그래서 난 정음으로 된 놀이판을 만들기로 마음먹었어. 사람들이 놀면서 쉽고 재미있게 정음을 배웠으면 했거든. 그게 바로 쌍륙궐람도 놀이판이야."

"어떻게 그런 일이 있을 수 있어요?"

"그럼 그 할아버지는 대체 누구시지?"

강이와 산이는 혼란스러워졌어.

"그런데 얘들아, 여기에서는 정음이라는 말을 내뱉어서는 절대 안 돼."

"왜요? 아저씨 말처럼 대단한 글자라면서요."

"자세한 사정은 알 수 없지만 정음 문제로 집현전이 떠들썩하거든."

"어떻게요?"

"전하께서 정음을 만드신 걸 반기는 학사들이 있는가 하면, 반대로 싫어하는 학사들도 있어. 그래서 집현전 분위기가 좋지 않아."

"왜 한글을 싫어해요?"

"그럼 한글, 아니 정음은 앞으로 어떻게 되는 거예요?"

머릿속이 뒤죽박죽이 된 강이와 산이가 이것저것 물었어. 하지만 아저씨는 아무 대

답을 하지 않았지. 그저 가끔 한숨을 내쉴 뿐이었어.

"나리, 안에 계십니까?"

"누구냐?"

"막둥입니다."

"그, 그래. 무슨 일이냐?"

윤채 아저씨가 말을 더듬었어.

"부제학 영감께서 나리를 찾으십니다."

"오냐, 알았다."

"네, 나리! 그럼 전 물러가겠습니다."

"잠깐만! 막둥아, 방으로 좀 들어오너라."

아저씨는 무슨 생각이 있다는 듯 막둥이를 불러들였어.

"막둥아, 자세한 이야기는 나중에 해 줄 테니, 옷을 좀 구해서 이 아이들에게 주어라. 또 짧은 머리도 가려 주고……."

"대체 누구입니까?"

"나쁜 아이들은 아니니 네가 좀 챙겨 다오. 내 얼른 다녀오마."

아저씨가 황급히 자리를 떠난 뒤, 막둥이가 쌍둥이를 위아래로 훑어 보았어.

"새로운 노비들이냐? 무슨 죄를 크게 지었기에 옷을 빼앗겼니? 쯧쯧."

막둥이가 한심하다는 듯 고개를 절레절레 흔들었어.

"우린 노비가 아니야. 잠시 궁궐을 유람하러 온 것 뿐이라고!"

노비라는 말에 기분이 상했는지 강이가 발끈했어.

"어디 오랑캐 나라에서 왔니? 여길 몰라도 너무 모르네. 이 형님께서 하나하나 가르쳐 줄 테니 잘 들어."

"형님은 무슨! 나보다 키도 작으면서……."

어디서나 지기 싫어하는 산이가 벌떡 일어나 키를 한껏 늘렸어. 그때 막둥이의 눈에 산이가 입은 티셔츠에 박힌 한글이 들어왔지.

"엇? 너도 정음을 아니?"

"지금 정음이 문제야? 봐, 내가 더 크지?"

"그렇다 치자. 그나저나 윤채 나리께서 너희에게도 정음을 알려 주신 거야? 나에게만 가르쳐 주신 줄 알았는데……."

강이는 계속 정음 타령을 하는 막둥이가 답답했어. 그래서 지금까지의 상황을 설명해 주어야겠다고 생각했지.

"막둥이랬지? 막둥아, 지금부터 내가 하는 말 잘 들어."

강이는 조금 전에 윤채 아저씨가 꺼내 놓은 쌍륙궐람도 놀이판을 막둥이 앞에 놓았어. 막둥이는 갑자기 진지해진 분위기에 약간 당황했지.

"윤채 아저씨가 이 놀이 가르쳐 주셨지?"

막둥이는 말없이 고개를 끄덕였어.

"우리는 대한민국 서울에서 왔어."

"대한……민국? 서울?"

"조선이 나중에 대한민국이 되고……, 한양이 서울로 바뀌고……. 아, 복잡해. 나도 모르겠다."

산이가 설명을 하려다 포기했어. 대신 강이가 말을 이었어.

"우린 아주 먼 미래에서 시간 여행을 왔어. 바로 이 쌍륙궐람도 놀이판 때문에!"

강이는 그동안 벌어진 일들을 차근차근 이야기했어. 벼룩시장에서 만난 할아버지에게서 쌍륙궐람도 놀이판을 샀던 일부터 쌍륙을 던져 집현전에 말을 놓는 순간 진짜 조선 시대 집현전으로 오게 된 이야기, 그리고 아저씨를 만나 여기에 끌려온 모든 걸 말이야.

막둥이는 뒤집어질 듯 눈을 크게 뜨기도 하고 뒤로 자빠지는 시늉도 했어. 또 손으로 입을 막기도 했지.

"지금 거짓말하는 거 아니지?"

막둥이가 단호한 표정으로 물었어.

"당연하지. 윤채 아저씨도 믿을 수 없다고 했지만 결국엔 믿었는걸? 우리라고 이런 상황이 믿기겠니? 가장 황당한 건 우리라고, 우리!"

"좋아. 내가 너희는 못 믿어도 윤채 나리는 믿어. 꼼짝 말고 기다려. 내가 너희 둘을 조선 사람으로 바꿔 줄 테니까."

막둥이는 후다닥 방을 나가더니 얼마 지나지 않아 옷 두 벌을 가져왔어. 자신이 입고 있는 흰색 무명 한복이었지.

"어서 입어. 그리고 짧은 머린 이 띠로 가리고."

강이와 산이는 썩 내키지 않았지만 주섬주섬 옷을 입었어. 허리띠와 대님을 매고, 머리에 무명 띠까지 두르니 딱 조선 아이야.

"그런 차림으로 나만 따라다니면 아무도 의심하지 않을 거야. 나만 믿어. 어서 나가자."

강이는 처음 입는 옷도 어색한데다가 행여 사람들에게 들키진 않을까 마음이 불안했어.

"막 돌아다녀도 되는 거야?"

"그렇다고 방에만 있을 수 없잖아. 어차피 이렇게 된 거, 진짜 궁궐은 봐야지."

산이는 기대에 잔뜩 부풀어 막둥이를 따라나섰어. 강이도 마지못해 산이 뒤를 쭈뼛쭈뼛 따라갔지.

6. 집현전이 이상하다고?

"이보게, 윤채. 정음 연구는 잘 되어 가는가?"

서리 오근학이 서가를 정리하는 윤채의 어깨를 덥석 쥐며 물었어.

"예끼, 이 사람아! 말조심하게. 우리 같은 서리에게 연구가 가당키나 한가?"

윤채는 손사래를 치며 오근학의 말을 단호하게 잘랐어.

"자네가 정음에 관심 있다는 건 집현전 개도 알고 있어."

"그만하라니까! 누가 들으면 어쩌려고 그래!"

"히히히. 농담 한번 한 걸 갖고 뭘 그리 정색하는가?"

오근학은 윤채가 정음만 보면 눈을 반짝인다는 사실을 알고 있었어.

그래서 그걸 빌미로 때때로 장난을 걸었지.

"그나저나 자네는 왜 그렇게 정음에 관심을 갖는가? 난 생각도 하기 싫네. 그거 때문에 골치가 아파."

"골치 아프다니! 자네가 잘 몰라서 하는 말일세. 정음은 아주 간단해서 누구나 쉽게 배울 수 있는 글자야. 그런 글자가 세상에 나온다고 생각해 보게. 모든 백성이 반길 걸세."

"자네, 정신 나갔구먼. 쉽든 어렵든 어쨌거나 익혀야 할 게 늘어나는 거야. 지금도 할 일이 차고 넘쳐서 허리가 휠 지경인데, 새로운 글자가 생겨 보게. 한자로 된 책과 문서를 다시 정음으로 옮겨야 하는데, 그 뒷바라지를 누가 하겠나? 우리 차지가 될 게 뻔해. 생각만 해도 끔찍하네."

오근학이 몸서리를 치며 고개를 저었어.

"달리 서리가 아니라니까! 서러운 자리니까 서리인 게지. 아이고, 내 팔자야!"

집현전 서리는 학사들 밑에서 자질구레한 일들을 맡고 있어. 그러다 보니 자연스레 책과 글을 가까이할 수 있었지. 그렇다고 선비 대접은 꿈도 못 꿔. 양반 출신이 아니라서 아무리 뛰어나다 해도 집현전 학사가 될 수 없었지. 그러니 오근학 말처럼 서러운 자리라는 것도 틀린 말이 아니야.

하지만 윤채는 달랐어. 서리이긴 하나 무슨 일을 하든 늘 진지했어. 여러 집현전 학사들 눈에도 들 만큼 글 실력도 꽤 좋았지. 오근학이 가끔 짓궂게 굴긴 해도, 그만큼 윤채가 뛰어나서 하는 말이었어.

"하긴, 아무리 전하가 만드셨다 해도 쉽게 쓰이긴 힘들지. 최만리 영감이 가만히 계시겠는가?"

"가만 안 계시면?"

"하, 자넨 이런 점이 답답해. 학사들이 하는 말에 조금만 귀 기울여 봐. 세 살 아이도 알겠어. 요즘 집현전에 모였다 하면 다들 쌈질 아닌가?"

"어허, 이 사람아! 쌈질이 뭔가, 쌈질이!"

"입은 비뚤어졌어도 말은 바로 하라고 했어. 전하께서 정음을 만드셨

집현전, 세종의 힘이 되어 주다

집현전은 세종 때 있던 연구 기관이야. 훌륭한 인재를 기르고 학문을 연구하는 곳이 있으면 좋겠다는 박은의 요청에 따라, 고려 시대부터 있던 학문 기관인 집현전을 다듬어 만들었어.

세종은 다시 일으킨 집현전 안에 영전사, 대제학, 제학, 부제학 등 여러 직위를 두었어. 모두 집현전 학사라는 이름으로 학문을 연구하고 책을 펴내고, 나라의 중요한 일들을 의논했지. 어느 기관보다 학문에 힘을 쏟고, 무엇보다 세종이 뜻을 펼칠 수 있게 든든한 힘이 되어 주었어.

다고 발표한 후로 집현전에 조용한 날이 있었나?"

"흠……."

윤채는 아무 대답을 하지 못했어. 오근학 말이 맞았거든. 세종이 만든 훈민정음 때문에 집현전 분위기가 뒤숭숭했어. 한쪽에서는 훈민정음을 반겼지만 다른 한쪽은 반대했지. 문제는 훈민정음을 반대하는 학사들 중에 최만리가 있다는 거야. 최만리는 집현전을 이끄는 대장이거든.

"요즘 최만리 영감이 단단히 뿔났다는 거 자네도 알고 있지?"

"집현전 최고 어르신께 뿔이 났다니! 말 좀 가려서 하게."

"뿔난 걸 뿔났다고 하지, 뭐라고 하는가?"

오근학은 두 손가락을 머리에 갖다 대고 뿔을 만들었어. 그런 모습을 본 윤채는 머리를 내저었지. 그때였어. 누군가 들어오는 기척이 들렸지. 윤채와 오근학은 소스라치게 놀라며 다급하게 입을 다물었어.

"이 사람들! 무슨 짓을 했기에 그리들 놀라나?"

집현전에서 함께 일하는 또 다른 서리 배남실이야.

"인기척이라도 좀 내고 올 일이지, 간 떨어지는 줄 알았네."

도둑이 제 발 저린 듯 오근학이 가슴을 쓸어내리며 말했어.

"맨날 드나드는 곳인데 무슨 인기척인가? 혹 전하 흉이라도 봤나? 아님 부제학 영감 험담이라도?"

"이 사람, 돗자리 깔아도 되겠어."

뭐가 그리 우스운지 오근학이 껄껄댔어.

"집현전이 폭풍 전야인데, 한가하게 농담은……."

"폭풍 전야?"

"뭔 놈의 폭풍?"

윤채와 오근학이 동시에 되물었어.

"집현전에 큰일이 터질 것 같네. 아니지, 이미 터졌다고 해야 하나?"

"뜸 들이지 말고 어서 말해 보게나. 무슨 일인가?"

윤채가 배남실을 재촉했어. 평소 배남실은 궁궐 안팎 소식을 가장 먼저 전해 주는 소식통이라, 그의 말이면 관심을 가질 수밖에 없었지.

"어디 가서 절대 말하지 말게. 일급비밀이야."

배남실은 몇 번이나 헛기침을 하고 나서 가까이 모이라는 손짓을 했어. 그러고는 윤채와 오근학의 귀에 대고 속삭였지.

"흠, 그게 말이지……. 전하께서 며칠 전에 집현전 학사들을 몰래 부르셨다는 얘기가 있어. 그런데 문제는 정인지 대감과 몇몇 학사들만 따로 부르셨다는 거야."

"에구머니나! 진짜로 일이 나도 나겠구먼."

오근학이 놀란 표정을 지었어. 윤채도 심각했지. 학사들 밑에서 허드

렛일을 하는 서리라 해도 집현전이 돌아가는 상황이며 궁궐 분위기 정도는 훤한 사람들이야. 척하면 척이라고, 긴말하지 않아도 배남실이 어떤 말을 하는지 금방 알아챘어.

"무슨 일로 부르셨다고 하는가?"

"그야 뻔하지. 정음을 찬성하는 학사들만 따로 불렀다는 건, 정음에 관한 어떤 명을 내리셨다는 거겠지. 난리가 나도 크게 나지 싶어. 누구 하나 나가떨어지든 안으로 고꾸라지든 뭔 수가 날 걸세."

"서리들한테 불똥 튀게 생겼어. 이럴 때 줄을 잘 서야 하는데……."

오근학이 손바닥으로 이마를 치면서 말했어.

"언제 정신 차릴 건가? 우리 같은 서리가 뭔 놈의 줄? 그저 제 몸 하나 잘 돌보면 되지."

배남실이 오근학에게 꿀밤을 단단히 먹였어.

"자넨 유독 날 괴롭혀."

"한가하게 노닥거리지 말고 눈치껏 움직이라고!"

배남실은 들고 온 서책 꾸러미를 정리하고 나서 서둘러 나갔어.

"같이 가세. 불똥, 아니 폭풍을 피해도 같이 피해야지!"

오근학이 얻어맞은 이마를 문지르며 배남실을 따라나섰어.

'이제 전하께서 본격적으로 일을 시작하시는 건가…….'

혼자 남은 윤채의 머릿속이 뒤죽박죽 복잡해졌어.

세종 대왕이 훈민정음을 발표한 지 어느덧 두 달. 누구보다 열심히 정음을 알려야 할 집현전인데, 학사들의 의견이 하나로 모이지 않아 늘 싸움만 일어났지. 부제학 최만리부터 정음을 반기지 않으니 그럴 수밖에. 아무튼 정음에 남모를 애정을 품고 있던 윤채에겐 걱정이 되면서도 반가운 소식이었어.

'아차, 내가 이러고 있을 때가 아니다.'

윤채는 문득 강이와 산이가 떠올랐어.

훈민정음 창제 프로젝트 1단계

* 백성들의 어려움을 살펴라 *

7. 세종이 내린 특명

* 나흘 전, 1444년 2월 16일

　배남실의 소식통은 꽤나 정확했어. 진짜로 나흘 전에 세종이 몇몇 집현전 학사들을 불렀다지 뭐야.
　나랏일을 의논하는 의사청 안에는 긴장감이 맴돌았어. 세종의 부름을 받은 대제학 정인지와 집현전 학사들은 그 어느 때보다 긴장된 표정을 지었어. 왕의 부름을 받는다는 건 좋은 일이든 아니든 떨리기 마련이야. 오늘은 집현전 학사들 중에서도 특별히 몇 명만 부른 자리라, 더욱 떨렸어. 게다가 세종과 더불어 세 명의 왕자까지 함께하는 자리였으니 더더욱 그랬지.

"젊고 총명한 기운이 넘쳐흐르는구나. 나도 젊었을 때에 저러했을까? 보기만 해도 힘이 나는구나. 대제학, 아니 그렇소?"

세종은 잔뜩 긴장한 젊은 학사들의 마음을 어루만지듯 농담을 꺼냈어.

"전하께서야말로 학사들 못지않은 총기가 여전하십니다."

"허허허. 거짓인 줄 알지만 고맙소."

정인지의 말에 세종이 크게 웃었어. 나머지 학사들도 미소를 지었지. 그러자 세종이 집현전 학사들을 한 명 한 명 눈에 담으며 힘을 주어 말했어.

"그대들에게 기대하는 바가 크다. 오늘 특별한 명을 내리고자 이 자리에 불렀다."

태종이 신뢰한 신하, 정인지

정인지는 세종의 아버지인 태종이 입에 침이 마르도록 칭찬한 사람이었어. 태종이 세종에게 큰일을 맡겨도 좋은 사람이니 중요한 자리에 쓰라고 따로 요청할 정도였지. 정인지는 집현전에 오랫동안 머물면서 세종의 뜻을 받들었어. 특히 세종이 훈민정음을 만들었을 때, 그 누구보다도 훈민정음의 필요성과 중요성을 힘주어 말했어. 나중에 정인지는 한자로 된 책들을 훈민정음으로 옮기는 일을 비롯하여, 문자의 원리와 사용법을 알려 주는 책인 《훈민정음》을 만드는 일도 맡았어.

《운회》를 번역하라

《운회》는 한자가 어떻게 소리 나는지 보여 주는 사전이야. 그런데 설명도 한자로 되어 있어서, 한자를 모르는 백성들이 읽는다는 건 불가능했지. 그래서 세종은 집현전 학사들에게 한자 발음을 훈민정음으로 옮겨, 누구나 쉽게 읽을 수 있도록 하라고 했어. 예를 들어 《운회》에서는 '동(東)'을 [德(덕)+紅(홍)]으로 표시하고, '덕'의 'ㄷ'과 '홍'의 'ㅇ'이 합쳐져서 '동'이라는 소리가 난다고 말해. 그런데 이를 훈민정음으로 설명하면, [ㄷ+ㅗ+ㅇ]으로 아주 간단하고 쉽게 나타낼 수 있어.

"황공하옵니다, 전하. 명을 내리시면 어떤 상황에서도 최선을 다하겠나이다."

정인지가 고개를 숙이며 말했어.

"정음이 만들어졌으니 본격적으로 번역을 시작하려 한다. 대제학 정인지와 교리 최항, 부교리 박팽년, 부수찬 신숙주, 이선로, 이개, 돈령부 주부 강희안은 《운회》를 정음으로 옮기도록 하라. 그리고 세자와 진양 대군, 안평 대군은 이 일을 책임지고 이끌며, 이와 관련된 모든 상황을 나에게 알리도록 하여라."

"분부대로 따르겠나이다."

의사청에 모인 모든 사람이 세종의 명에 따를 것을 약속했어.

"이 일에 필요한 모든 물자를 부족함이 없게 하라. 일이 무사히 끝난 뒤에는 후한 상을 내릴 것이다."

"성은이 망극하옵니다."

"너희들의 손에 정음의 운명이 달려 있다. 말과 글은 끊임없이 쓰지 않으면 아무런 의미가 없는 법! 사라지는 것도 시간문제이니라."

세종이 힘주어 말했어. 함께 모인 왕자들도 진지한 태도로 조심스레 입을 뗐지.

"아바마마, 정음이 만들어지기까지 아바마마께서 얼마나 힘과 마음을 쏟으셨는지 알고 있습니다. 정음이 그냥 사라지는 일이 없도록 힘

쓸 것입니다."

"저희들도 최선을 다할 것입니다."

정인지도 강한 의지를 드러냈어. 그런 모습을 보는 세종은 흐뭇하게 미소를 지었지.

세종이 의사청에서 정인지와 몇몇 집현전 학사들을 만나던 그 시각, 최만리에게도 소식이 전해졌어.

"전하께서 기어코 일을 내시는 게로군."

최만리는 미간을 잔뜩 찌푸렸어. 동시에 깊은 한숨을 내쉬었지. 집현전을 책임지는 자신이 국가의 중요한 일을 논의하는 의사청으로 부름받지 못했다는 사실에 충격을 받았어. 그렇다고 세종에게 서운하거나 화가 나는 건 아니었어. 평소 세종이 자신을 얼마나 생각하고 있는지 잘 알고 있었거든.

"이를 어찌해야 한단 말인가? 전하를 거스르는 일을 또 저질러야 하는가, 아니면 중국을 향한 사대를 포기해야 한단 말인가……."

최만리는 눈을 감았어. 언젠가 세종에게 자신의 뜻을 전하기 위해 관직을 내려놓겠다고 한 적이 있었어. 당시 세종은 무척이나 슬퍼하며 눈물까지 내보였지. 또 자신의 건강을 걱정하여 술을 줄이라 하던 세종의 따뜻한 말소리도 귓가에 맴돌았어. 그런 일들을 떠올릴수록 머릿속이 더 어지러워졌어.

"부제학 영감, 어찌하실 생각인지요?"

김문이 눈치를 보면서 물었어. 집현전에서 직전을 맡고 있는 김문은 이런 상황이 그 누구보다 신경 쓰였어. 정음이 세상에 나온 직후에는 정음이 옳다고 말했다가, 바로 얼마 전에 반대한다고 말을 바꿨거든. 만약 말을 바꾸지 않았다면 지금쯤 의사청에서 세종 앞에 있을 인물이었지.

"이유가 어찌 되었건 부제학 영감과 먼저 의논하셔야 했습니다. 전하께서 왜 이리 일을 서두르시는지……."

김문에 이어 응교 정창손이 불만을 드러냈어.

"그렇습니다. 집현전에 명하지 않으시고 몇몇 학사들만 따로 부르신 건 너무하셨습니다. 이제는 저희 의견 따윈 들을 필요가 없다는 것 아니겠습니까?"

다른 사람들도 불만을 쏟아 냈어. 최만리는 가만히 이야기를 듣고 있다가 굳은 표정으로 입을 열었어.

"전하께서 집현전을 두신 이유는 허수아비 신하를 길러 내고자 한 게 아닐세. 전하께 바른길을 보여 드려야 하네."

"영감 말이 맞습니다. 전하의 명을 무조건 따라야 하는 건 아닙니다. 때로는 쓴소리도 할 줄 알아야 합니다."

김문이 최만리의 말에 맞장구쳤어.

"자식이 부모에게 효도하고 신하가 왕에게 충성하듯, 조선은 중국을 따라야 하네. 그것이 조선이 가야 하는 바른길이고, 전하가 어긋난 길로 가시지 않게 우리가 이끌어야 하네."

"그 말인즉슨 상소를 올리자는 말씀이십니까?"

직제학에 있는 신석조가 조심스레 물었어.

"상황이 긴급하게 돌아가고 있습니다. 상소를 올린다면 서둘러야 합니다."

김문의 목소리에 다급함이 묻어났어.

"맞는 말일세. 우리가 막아야 하네!"

최만리가 결연한 의지를 다지듯 손으로 탁자를 내리쳤지. 의사청에서 세종의 특명이 내려진 날, 집현전에 남은 학사들은 반대 상소를 올릴 준비를 시작했어.

조선이 중국을 섬긴 이유

조선은 불교를 섬기던 고려와 달리 유교를 국가의 종교로 정하였어. 그러다 보니 유교가 처음 탄생한 중국과 자연스레 관계를 맺게 되었지. 그런데 조선이 중국과 맺은 관계는 서로 동등한 게 아니라 조선이 중국을 사대하는 거였어. 사대는 힘이 약한 사람이 강한 사람을 섬긴다는 뜻이야. 그러니까 조선이 중국에 말과 인삼, 종이 등을 바치며 정성을 다하는 걸 말하지.

왜 굳이 중국과 사대 관계를 맺었을까? 당시 조선은 중국보다 힘이 약했어. 그래서 중국과 사대 관계를 맺으면, 전쟁의 위험에서 벗어나 안전하게 나라를 지킬 수 있을 거라 생각했지. 또 중국에서 좋은 사상과 기술을 받아들이면, 문화적으로도 크게 성장할 수 있을 거라 믿었어.

훈민정음 창제 프로젝트 2단계

* 누구나 쉽게 배우는 글자를 만들자 *

세종은 중국 사신과 이야기할 때면 늘 답답했어. 한자를 알긴 했지만 정확한 뜻을 주고받는 게 힘들었거든.

말과 글은 하나가 되어야 해. 우리말을 정확하게 적을 수 있는 글자가 없을까?

세종은 여러 나라 말과 글을 공부했어. 그러면서 한자와 우리말이 서로 어울리지 않는다는 걸 알게 되었지.

앞으로 우리말에 맞는 새로운 글자를 만들 것이다.

그럼 한자는 어찌 되는 겁니까?

한자는 뜻글자이기에 우리말을 완벽히 옮길 수 없다.

세자 정의 공주 진양 대군 안평 대군

* 세상의 질서를 담은 훈민정음 *

1. 자음 17자

	혀가 목구멍을 막는 모양	혀가 윗잇몸에 붙는 모양	두 입술 모양	혀끝과 이 사이 모양	목구멍 모양
기본 글자	ㄱ	ㄴ	ㅁ	ㅅ	ㅇ
획을 더한 글자	ㅋ	ㄷ, ㅌ	ㅂ, ㅍ	ㅈ, ㅊ	ᅙ, ㅎ
모양이 약간 다른 글자	ㆁ	ㄹ		ㅿ	

* ㆁ(옛이응), ㅿ(반치음), ᅙ(여린히읗)은 사라지고 지금은 14자만 남았어.

2. 모음 11자

	둥근 하늘 모양	평평한 땅 모양	사람이 서 있는 모양
기본 글자	·	ㅡ	ㅣ
기본 글자를 더한 글자	· + ㅡ = ㅗ · + ㅣ = ㅓ ㅣ + · = ㅏ ㅡ + · = ㅜ		ㅗ + · = ㅛ ㅓ + · = ㅕ ㅏ + · = ㅑ ㅜ + · = ㅠ

* ·(아래아)는 사라졌어.

*다시 1444년 2월 20일

막둥이를 따라나섰던 강이와 산이는 시간 가는 줄 모르고 궁궐을 돌아다녔어. 그러는 동안 셋은 오랜 친구처럼 가까워졌지.

"너희 혹시 새총 알아?"

막둥이가 소매 주머니에서 새총을 꺼내며 물었어.

"그럼! 나도 새총 있다, 뭐!"

강이가 자랑스럽게 말했어. 며칠 전, 벼룩시장에서 산 새총을 떠올리면서 말이야.

"정말? 잘됐다. 우리 새 잡기 내기하자."

"새를 잡는다고?"

"새총으로 새를 잡지, 그럼 어디에 써?"

막둥이는 어깨를 으쓱대더니, 조그만 자갈을 하나 집어 들어 줄에 끼웠어.

"막둥이 너, 설마⋯⋯."

깜짝 놀라는 강이와 산이의 표정에도 아랑곳하지 않고, 막둥이는 한쪽 눈을 감고 참새를 향해 새총을 겨누었어. 횡, 턱! 이내 참새가 모습을 감추고 뭔가 떨어지는 소리가 들렸어.

"하하하. 어때? 새총은 이럴 때 쓰는 거야."

막둥이가 으쓱거렸어.

"막둥아, 나도 해 볼래."

"아니야, 내가 먼저 해 볼 거야."

강이와 산이는 실랑이를 벌였어. 그때였어. 지나가던 한 아이가 막둥이를 보더니 소리쳤지.

"막둥아! 윤채 나리가 아까부터 너 찾고 계셔!"

아뿔싸! 신나게 노느라 윤채 아저씨를 잊고 있었어.

"강아, 산아! 우리 얼른 돌아가자."

막둥이가 앞서서 뛰기 시작했어. 강이와 산이는 새총을 쏘지 못해 아쉬웠지만, 바삐 막둥이를 따라갔지.

"야, 이게 무슨 소리야?"

"누가 싸우는 것 같은데?"

"무슨 일이지? 저리로 가 보자."

막둥이를 쫓던 강이와 산이가 갑자기 방향을 바꾸었어. 집현전 근처에서 책상을 내리치는 소리와 함께 고함 소리가 새어 나왔거든. 평소 궁금한 걸 못 참는 쌍둥이답게 이번에도 그냥 지나치지 않았지.

"야, 거기로 가면 안 돼!"

막둥이가 강이와 산이를 말렸지만 소용이 없었어.

"전하께서는 어찌 그리 경솔하시단 말이오?"

최만리가 눈살을 찌푸리며 말했어.

"말씀이 지나치십니다. 경솔하시다니요!"

전하께서는 어찌 그리 경솔하시단 말이오?

최만리와 마주하고 있는 정인지가 맞받아쳤어.

"대감께서는 전하가 내리신 명을 따르기로 한 거요? 집현전은 전하의 머리가 되어 드려야 하는 곳이오. 그저 전하의 말에 머리를 조아리는 것만이 신하의 도리가 아니란 말입니다!"

정인지는 잔뜩 화가 났지만 애써 목소리를 가다듬으며 말했어.

"영감께서는 글을 몰라 불편을 겪는 백성들을 생각해 본 적 없으십니까? 자기 생각을 글로 표현하지 못하는 건 물론이고 자신이 저지른 일이 얼마나 나쁜 건지, 자신이 어떤 벌을 받고 있는지 전혀 모르는 게 백성들의 현실입니다. 전하께서 그런 백성들이 안타까워 정음을 지으셨는데, 왜 그 마음을 헤아리지 못하십니까?"

정인지가 세종의 뜻을 조곤조곤 전했지만 최만리의 눈빛은 조금도 흔들리지 않았어. 오히려 그동안 쌓아 둔 불만을 털어놓기 시작했지.

"백성들이 잘못을 저지르는 문제를 어찌 글자 탓이라 하겠습니까? 또 어찌하여 동궁마마께 언문을 만드는 일을 도우라 하시는 겁니까? 한창 성리학에 모든 힘을 쏟아부어야 할 때입니다."

"이 나라의 임금님이 되실 분이 전하의 일을 돕는 건 당연합니다."

"대감, 전하의 뜻만 생각하지 말고 조선의 상황을 헤아려 보십시오. 언문이 중국에 알려지기라도 하면, 지금까지 쌓아 왔던 관계가 순식간에 무너질 것입니다. 중국의 글자를 무시하고 새로 만든 글자를 쓴다고 하면, 그들이 우리를 어찌 보겠습니까?"

"중국과의 관계보다 조선의 백성이 먼저입니다."

"전하께서는 지금 신기한 재주를 부리는 것에 재미 들리신 것 같소."

올곧은 신하, 최만리

최만리는 훈민정음이 세상에 나오는 것을 반대했어. 중국과 사대 관계를 이어 가려면, 한자가 아닌 새로운 글자를 써선 안 된다고 생각했거든. 그렇다면 최만리는 나쁜 사람일까? 아니야. 당시 최만리는 그렇게 하는 것이 나라와 백성을 위한 일이라고 생각했어. 실제로 최만리는 세종과 나라를 위해 한평생을 바친 신하였어. 세종도 강직하고 청렴한 최만리를 아주 아꼈다고 해. 평소 술을 좋아하는 최만리에게 너무 많이 마시지 말라고 잔소리 아닌 잔소리도 했고, 시간이 날 때면 함께 맛있는 음식을 먹곤 했대.

최만리가 한숨을 내뱉듯 하는 말에, 정인지가 책상을 치며 벌떡 일어났어.

　"부제학 영감! 말씀이 지나치시오!"

　"지나친 건 전하이십니다. 이토록 중요한 일을 저와 한마디 상의도 없이 치르시다니 참으로 신중하지 못하셨습니다. 내 당장 반대 상소를 올릴 것이오!"

　"누구보다 전하를 잘 아시는 영감께서 어찌 그러십니까? 백성과 나라를 생각하는 전하의 뜻을 모르시는 게 아니잖소!"

　"전하의 뜻을 의심하는 게 아닙니다. 방법이 잘못되어 말씀을 드리려는 것뿐입니다."

　최만리도 정인지도 목소리를 높였어. 대화가 이어질수록 서로 이해하기는커녕 불만과 답답함만 커져 갔지.

　두 사람의 거친 목소리는 강이와 산이, 막둥이에게도 고스란히 들어갔어.

　"정음이 어쩌고 언문이 어쩌고, 왜 저렇게 싸우는데?"

　"한글을 반대하는 학사들은 집현전에 있을 자격이 없어."

　"야, 말조심해! 저분들은 집현전 최고 어른들이셔!"

　"최고 어른들이 왜 저래? 차라리 윤채 아저씨가 대장하는 게 낫겠다."

강이와 산이는 집현전 학사들끼리 싸우는 모습이 무척 실망스러웠어.

"이 녀석들! 여기가 어디라고 함부로 입을 놀리느냐?"

그때 윤채 아저씨가 나타났어. 아저씨는 막둥이를 돌려보낸 뒤, 쌍둥이를 끌고 발걸음을 옮겼어.

"너희가 뭘 안다고 떠드느냐? 그것도 집현전 안에서! 어휴, 생각만 해도 진땀이 나는구나."

아저씨는 손으로 이마를 짚으며 깊은 한숨을 내쉬었어. 하지만 쌍둥이는 아저씨의 얘기가 귀에 하나도 들어오지 않았지. 조금 전에 들었던 말들이 머릿속에 계속 맴돌았거든.

"백성과 나라를 위한다면 당연히 한글을 만들어야죠!"

"왜 반대하는 거예요?"

"어허, 조용히 하지 못할까!"

윤채 아저씨가 소리를 버럭 지르자, 그제야 쌍둥이가 입을 다물었어. 하지만 여전히 집현전이 대체 뭐하는 곳인지, 지금 어떤 일들이 벌어지고 있는지 혼란스러워서 너무 답답했지.

9. 폭풍우가 몰아치다

　최만리는 신석조와 김문, 정창손, 하위지, 송처검, 조근과 함께 정음을 반대하는 상소를 만들었어. 그들은 정음을 굳이 언문이라 불렀어. 상스러운 글자라는 뜻이 담긴 이름이었지. 당시 사람들은 한자가 아닌 나머지 글자들을 통틀어 언문이라 불렀어. 그들에게 정음은 새로 만들어진 글자 정도밖에 안 되었던 거야.
　"나라의 운이 달린 일이네. 이번 일을 막지 못하면, 집현전에서 지낸 지난 시간이 모두 헛수고로 돌아갈 것일세."
　최만리가 단호한 표정으로 말했어.
　"영감 말씀이 백번 옳으십니다. 서둘러 반대 상소를 올리시지요."

"우리가 언문을 반대하는 이유를 적었으니, 전하께서도 생각을 고치실 겁니다."

정음을 반대하는 그들의 상소문은 곧바로 세종에게 전해졌어. 세종은 모든 일을 제쳐 두고 상소문을 읽고 또 읽었어. 그러고는 반대 상소문을 올린 집현전 학사들을 편전으로 불러 모았지.

"그대들이 올린 상소문은 잘 읽었소."

"성은이 망극하옵니다."

편전에는 그 어느 때보다도 팽팽한 긴장감이 감돌았어. 최만리가 가장 먼저 결연한 표정으로 입을 열었어.

"전하, 언문은 정말 뛰어납니다. 하지만 의심되는 점이 있어 상소를 올렸나이다. 부디 다시 생각해 주시옵소서."

최만리의 말에서 칼날 같은 날카로움이 묻어 나왔어.

"그대들의 생각을 말해 보아라."

"전하, 조선은 중국을 섬기고 따라야 합니다. 그런데 어찌 언문을 쓴단 말입니까? 이는 오랑캐나 하는 일이옵니다. 새 글자를 쓰는 것은 옛것에 어긋나는 일입니다. 조선이 언문을 썼다가는 큰 화를 당할 것입니다."

최만리는 세종이 자신의 마음을 알아주기를 바라며 땅바닥에 머리를 조아렸어.

"왜 정음을 쓰면 화를 당한다고 말하느냐? 지금껏 중국의 제도를 가져다 쓸 때를 생각해 봐라. 우리의 상황에 맞지 않으면 과감히 바꾸었다. 정음도 마찬가지다. 한자를 배우는 것이 어렵고 복잡하기에, 새로운 글자를 만든 것뿐이다. 중국을 더 이상 섬기지 않겠다는 뜻이 아니란 말이다."

"전하, 언문을 쓴다는 것은 중국을 버리고 오랑캐와 같아진다는 뜻입니다."

누구나 쉽게 배우는 우리 글자

세종은 백성들이 쉽게 글자를 익히려면, 글자가 아주 간단해야 한다고 생각했어. 그래서 자음 다섯 글자와 모음 세 글자를 기본 글자로 만들고, 여기에 획을 하나 더 긋는다든지, 같은 글자를 두 개 더하는 방식으로 나머지 글자들을 만들었어. 이렇게 해서 모두 28자를 만들었는데, 자음이 17자, 모음이 11자야.

예를 들어, ㅁ과 ㅂ, ㅃ이 어떻게 만들어졌는지 살펴볼까? ㅁ은 입술 모양을 본떠 만든 기본 글자야. 여기에다가 세로로 획을 그으면, ㅂ이 만들어져. 반대로 가로로 획을 그으면 ㅍ이 만들어지지. 또 ㅂ을 두 번 쓰면 ㅃ까지 만들어져. 모음의 경우엔 어떨까? 모음은 ·, ㅡ, ㅣ를 기본 글자로 삼아 만들었어. ·와 ㅡ를 합쳐서 ㅗ와 ㅜ를 만들고, ·와 ㅣ를 합쳐서 ㅓ와 ㅏ를 만든 거야. 이처럼 자음과 모음 모두 기본 글자를 갖고 만들어져서, 기본 글자만 외우면 나머지 글자를 배우는 것이 어렵지 않아. 어떤 사람들은 배우기가 너무 쉬워서 '아침 글자'라고도 불러.

최만리는 거침없이 말을 이었어. 그럴수록 세종은 자신의 생각을 더욱더 강하게 이야기했지.

"우리나라와 중국은 지리와 기후가 크게 다르다. 기후가 다르면 사람들이 숨 쉬는 것도 다르고, 이는 곧 말소리도 달라짐을 뜻한다. 말이 다르면 글도 달라야 하는 법! 문물은 중국과 같아질 수 있으나, 글자는 절대 그럴 수 없다. 그러니 다른 글자를 쓴다고 해서 오랑캐가 된다고 하는 그대들의 주장을 받아들이기 어렵다."

세종은 마른침을 한 번 삼키고 다시 말을 이었어.

"정음은 바람 소리는 물론이고, 닭의 울음소리까지도 적을 수 있는 합

리적인 글자다. 또 누구나 쉽고 빨리 배울 수 있어서 매우 용이하다. 한자를 배우는 시간과 노력에 견주면 비교가 안 된다는 말이다."

최만리는 이때다 싶었어.

"제가 걱정하는 점이 그것입니다. 배우기 쉽고 쓰기 쉽다면 어느 누가 한자를 공부하려 들겠습니까? 한자를 배우지 않으면 중국의 문화와 자연히 멀어질 것입니다. 그렇게 되면 머지않아 조선의 문화는 천박해질 것이란 말입니다!"

"이전에 설총 역시 우리의 사정에 맞게 이두를 만들어 썼다. 그것도 중국의 것과 다르지 않느냐? 그런데 왜 설총은 옳다 하면서 정음을 만든 나는 잘못되었다고 하는 것이냐?"

세종이 크게 꾸짖었지만 오히려 최만리는 꿋꿋했어.

"설총이 만든 이두는 중국의 글자를 본떠서 만든 것이기에 오히려 학

설총, 이두를 만들다

설총이 살던 신라 시대에도 한자를 썼어. 그런데 우리말과 달라 아주 불편했지. 설총은 이러한 불편함을 줄이기 위해 한자의 음과 뜻을 빌려 우리말을 표기하는 법을 따로 만들었어. 그게 바로 이두야. 예를 들어 '도토리묵'을 이두로 쓰면, '道(길 도)土(흙 토)理(마을 리)墨(먹 묵)'으로 적을 수 있어. '길, 흙, 마을 , 먹'이라는 한자의 뜻과는 전혀 상관없이 그냥 소리만 갖고 쓰는 거야.

문을 발전시키는 데에 도움을 주었습니다. 하지만 언문은 신기한 재주에 지나지 않습니다. 학문에 있어서나 다스림에 있어서나 아무런 도움을 주지 못한단 말입니다. 그 옳음을 알지 못하겠나이다!"

"뭐라? 정음이 신기한 재주에 불과하다 하였느냐? 아무런 쓸모가 없다 하였느냐? 그동안 내가 할 일이 없어 밤낮을 가리지 않고 정음에 힘을 쏟았다고 생각하는 것이냐?"

세종의 얼굴은 점점 더 붉어졌고, 급기야 목소리까지 갈라졌어.

"우리가 쓰는 한자는 중국의 것과 같아야 하는데, 오랜 세월이 지나면서 많이 변해 왔다. 어떤 이들은 중국의 소리를 따르고, 또 어떤 이들은 우리나라 소리를 따르고 있다. 이런 혼란스러움을 바로잡으려 하는데, 왜 그대들은 잘못되었다고만 하는가!"

세종은 자신의 뜻을 헤아리지 못하는 최만리에게 서운했어. 또 정음을 만들기 위해 음운학은 물론이고 언어학을 두루 공부해 왔던 지난 세월이 헛수고로 돌아가는 건 아닌가 싶어 답답했지. 그러나 최만리는 아랑곳하지 않고 자신의 생각을 이어 말했어.

"동궁마마께서는 성리학을 더욱 갈고 닦아야 합니다. 그런데 언문에 정신을 쏟느라 학문에 손을 놓고 있으십니다. 동궁마마까지 언문에 마음 쓰실 필요가 있겠습니까?"

세종은 또다시 화가 났어. 하지만 신하들이 조금이라도 자신의 뜻을 알아주기를 바라면서 차분하게 이야기하려고 했지.

"지금껏 조선은 죄인을 다스리는 문서를 모조리 한자와 이두로 써 왔다. 그래서 한자를 잘 모르는 백성들은 그 뜻을 정확히 알지 못해 억울한 일을 겪었다. 만약 백성들도 알기 쉬운 글자로 적어 준다면 안타까운 일들이 줄어들지 않겠느냐?"

"전하, 죄인을 다스리는 것은 글자가 아니라 관리에게 달려 있습니다. 언문을 쓴다 한들 달라지지 않을 것입니다. 언문으로 죄인을 공정하게 다스릴 수 있다는 전하의 뜻이 오히려 의심스럽습니다."

"그대의 말도 사실이다. 그러나 관리도 자칫 잘못하여 억울한 죄인을 만들 수 있다. 정음을 쓰면 이런 일이 조금이라도 줄어들 것이다. 가령 삼강행실을 정음으로 적어 둔다고 생각해 봐라. 왕과 신하, 부모와 자식, 남편과 아내 사이에 지켜야 할 것들을 백성들이 스스로 읽게 된다면, 이 나라에 충신과 효자, 열녀가 많이 나오지 않겠느냐?"

세종은 오래전부터 글을 몰라 책을 읽지 못하는 백성들을 안타깝게 여겼어. 백성들이 글자를 쉽게 익히게 되면, 무엇이 옳고 그른지 알 수 있을 거라 생각했지.

이번에는 반대 상소를 함께 올린 정창손이 나섰어.

"이전에도 삼강행실을 그림으로 그려 만들지 않으셨습니까? 그런데 어떻습니까? 상황은 똑같습니다. 전하, 이것은 알고 모르고의 문제가 아니라 타고난 자질의 문제입니다. 언문으로 적는다고 해도 어리석은 백성들은 달라지지 않을 것입니다."

"정창손! 그대가 그러고도 성리학을 공부하는 학사라 할 수 있느냐? 어리석은 백성들을 가르칠 생각은 하지 않고 어찌 자질만 탓하는 것이냐! 그대야말로 아무짝에도 쓸모없는 속된 선비일 뿐이다!"

세종은 정창손의 무책임한 말에 몹시 흥분했어. 불에 기름을 끼얹은 듯 크게 화를 냈지.

"전하, 저희들 모두 보잘것없는 재주를 갖고 감히 전하를 모시고 있습니다. 그러나 마음속에 품은 생각을 그저 담고만 있을 수 없어 말씀드리는 것입니다. 전하의 어진 마음을 흐리지 마십시오"

최만리가 머리를 조아렸어.

"그대들은 누구보다도 나를 가까이서 받드는 자들이다. 누구보다 나의 뜻을 잘 알 거라 생각했는데, 어찌 이 같은 행동을 하는 것이냐?"

세종이 자리에서 벌떡 일어섰어. 그러고는 반대 상소를 올린 학사들을 한 명 한 명 바라보았지.

"김문, 그대는 처음에 정음이 옳다고 하였다. 그런데 이제 와서 왜 마

음을 돌린 것이냐? 궁지에 몰리니 태도를 교묘하게 바꾸었구나. 그대의 죄를 묻지 않을 수 없다!"

세종은 미간에 잔뜩 힘을 주어 말했어.

"부제학 최만리, 직제학 신석조, 직전 김문, 응교 정창손, 부교리 하위지, 부수찬 송처검, 저작랑 조근을 지금 당장 의금부에 가두어라! 또 의금부에서는 김문이 태도를 바꾸게 된 이유를 조사하여 어떤 벌을 내릴지 정하도록 하라!"

맙소사! 아무도 예상하지 못한 일이야.

"전하, 통촉하여 주시옵소서."

훈민정음 창제 프로젝트 3단계

* 신하들의 반대를 이겨 내라 *

언문 반대 상소문

1) 조선은 태조 임금 때부터 중국을 섬겨 왔습니다. 언문을 만드는 것은 사대에 어긋납니다.
2) 몽골, 서하, 여진, 일본에도 글자가 있습니다. 하지만 그들은 오랑캐입니다. 언문을 쓰면 오랑캐와 같아집니다.
3) 이미 우리에게는 이두가 있습니다. 이것만으로 충분합니다.
4) 문자를 새로 만든다고 백성들의 억울함이 사라지지 않습니다.
5) 언문이 생기면 성리학을 공부하려 하지 않을 것입니다.
6) 동궁마마께서는 성리학 공부에 힘써야 합니다.

예상은 했지만 일이 점점 커지는구나.

신하들에게 내 진심을 전해야겠다.

집현전 학사들을 모두 모이라 하라~

그대들의 뜻은 알겠다. 허나, 백성들을 생각해 보라. 글을 모르는 사정이 안타까워 글자를 만든 것인데, 왜 그 뜻을 모른단 말이냐.

부제학 최만리와 몇몇 학사들은 세종의 생각과 달랐어.

전하, 조선은 중국을 섬기는 나라이옵니다. 백성들을 위하다가는 조선이 무너지고 말 것입니다.

최만리

한자를 쓰지 않겠다는 건 중국에게서 등을 돌리겠다는 뜻입니다.

신석조

10. 경회루를 찾은 이유

"아, 심심해. 궁궐은 왜 이리 재미가 없냐?"

"내 말이 그 말이야. 내 멋대로 할 수 있는 게 하나도 없어."

강이와 산이는 윤채 아저씨에게 한바탕 혼쭐이 난 후 방에 틀어박혀 있느라 좀이 쑤셨어.

"잠깐이라도 나갔다 오자. 사람들 눈에 안 띄게 조심하면 되잖아. 들키지만 않으면, 아저씨도 우리가 나갔다 온 사실을 모르실 거야."

"안 돼! 아까 아저씨 표정 못 봤어?"

"그럼 언제까지 여기 갇혀 있어야 하는데? 아저씨는 우릴 두고 대체 어디에 가신 거야?"

산이가 툴툴거렸어. 강이도 답답하기는 마찬가지였지. 하지만 아저씨를 더 이상 곤란하게 할 수는 없었어.

그때 막둥이가 빼꼼히 방문을 열고 들어왔어.

"마침 잘 왔어. 우리 심심해 죽을 것 같아. 잠깐 나갔다 오자."

산이가 막둥이를 끌어안으며 반겼어. 그런데 막둥이의 얼굴은 아주 심각했어.

"막둥아, 무슨 일 있어?"

"지금 집현전이 난리도 아니야."

"왜?"

막둥이는 방금 집현전에서 있었던 일들을 쌍둥이에게 말해 주었어. 훈민정음을 반대하는 학사들이 반대 상소를 올린 것부터 세종이 집현전 학사들을 감옥에 가두라고 명령을 내린 일까지 전부 털어놓았지. 강이와 산이는 예상하지 못한 이야기에 너무나 놀랐어.

"반대하는 사람들을 모두 가두었으니, 다 끝난 거 아니야? 그러면 한글이 세상에 나올 수 있잖아."

"그게 말처럼 쉬운 게 아니야."

"왜? 왕은 이 나라에서 가장 힘이 세잖아."

"야, 신하들이 계속 말을 안 들어 봐라. 얼마나 골치 아프겠냐?"

강이가 엉뚱한 말을 내뱉는 산이에게 핀잔을 줬어.

"정말 이해 안 돼. 왕이 한글을 만들어 쓰자 하면 그냥 쓰면 되지, 왜 난리야! 아, 머리 아파. 강아, 막둥아, 우리 제발 좀 나가자. 나한테는 여기가 바로 감옥이라고!"

강이는 대답 대신 고개만 절레절레 흔들었어.

"그럼 딴 데 가지 말고 경회루 한번 가 볼래? 거기 올라가서 바람만 쐬고 얼른 돌아오자."

막둥이는 답답해하는 산이가 계속 신경 쓰였는지, 경회루에 올라가자고 했어.

"경회루? 좀 더 재미있는 곳 없어?"

산이가 시큰둥하게 물었어. 경회루는 마음만 먹으면 엄마, 아빠와 함께 갈 수 있는 곳이었거든. 조선에 왔으니 조선에서만 할 수 있는 특별한 뭔가를 하고 싶었어.

"야, 모르는 소리 하지 마. 임금님이 답답할 때 바람 쐬러 가는 곳이 바로 경회루야. 아무나 갈 수 있는 데가 아니라고! 예전에 몰래 올라가 봤는데, 정말 속이 뻥 뚫리더라. 나만 믿고 따라와."

막둥이는 강이와 산이를 이끌고 밖으로 나갔어. 그렇게 셋은 윤채 아저씨 몰래 슬그머니 방을 빠져나갔지.

그 시각, 세종은 몹시 슬프고 괴로웠어. 가장 가까이 있는 신하들이 자신의 마음을 이해하지 못한다는 사실과 그런 신하들을 감옥에 가두어야 하는 심정은 이루 말할 수 없이 쓸쓸했지.

나만 믿고 따라와~

세종은 복잡한 마음을 달래기 위해서 일단 편전을 나왔어. 내관이 조금 멀찍이 떨어져 세종을 뒤따랐지.

"전하, 공기가 찹니다. 고뿔이라도 걸리실까 걱정되옵니다."

"편전에 있으면 머리가 깨질 것 같구나. 오히려 차가운 공기가 지금은 매우 상쾌하다."

"전하……."

"양반들의 반대는 어느 정도 예상했지만 집현전 학사들까지 그리 나올 줄은 몰랐네. 아니, 그 또한 예상을 안 한 건 아니지만 마음이 아픈 건 어쩔 수 없구나."

세종은 한숨을 내쉬기도 하고, 멍하니 하늘을 올려다보기도 했어.

"오늘은 참으로 마음이 고되다. 나의 덕이 부족한 탓인 것 같구나."

"어찌 그런 말씀을 하십니까? 어렵게 만드신 정음 아니옵니까?"

"나의 뜻만으로 백성들에게 정음을 널리 펼 수 있을지 모르겠다."

"오늘따라 왜 그리 약한 말씀을……."

"앞날을 내다보는 눈이 있다면……."

"전하, 그만 들어가시지요. 옥체가 강해야 마음도 강해지십니다."

"흐음, 잠시 경회루에 머물다가 들어가는 게 좋겠구나."

세종은 경회루로 발걸음을 돌렸어. 세종의 뒷모습에서 외로움과 쓸쓸

함이 잔뜩 묻어났지.

　세종이 경회루로 갈 무렵, 강이와 산이도 막둥이와 함께 경회루로 향하고 있었어. 신난 쌍둥이와 달리 막둥이는 무척 긴장했어. 경회루는 임금이나 고위 관직, 외국 사신이 아니면 아무나 갈 수 없는 곳이거든. 예전에 경회루에 가 본 건 순전히 길을 잘못 들어서였어. 그것도 한밤중에 말이야. 그런데 지금처럼 대낮에, 그것도 단단히 마음먹고 가기는 처음이야.

　'에이, 괜한 말을 했나. 누구한테 걸리기라도 하는 날엔 모두 끝장일 텐데……. 별생각 없이 경회루에 가자고 했는데, 잘못된 생각이었어. 이러다가는 죄 없는 윤채 나리까지 화를 당하실지 몰라.'

　막둥이는 자꾸만 불길한 생각이 들었어. 끔찍하고 복잡한 생각이 꼬리에 꼬리를 물고 늘어졌지. 그러는 사이 경회루에 도착했어.

　"딴짓하지 말고 잘 따라붙어. 아, 경회루에는 절대 올라가선 안 돼."

　"경회루까지 왔는데, 경회루에 올라가지 말라고? 거기 올라가면 가슴이 뻥 뚫리는 것 같다며!"

　막둥이의 마음을 알 리 없는 산이가 고래고래 소리를 질렀어.

　"야, 목소리 좀 낮춰. 여긴 임금님만 올 수 있는 곳이라고!"

　"에잇! 궁궐은 뭐가 이래?"

강이도 볼멘소리로 말했어.

"충분히 바람 쐬었지? 연못만 보고 그만 돌아가자."

"이럴 거면 왜 오자고 했냐? 차라리 다른 곳에 가지……."

경회루를 앞에 두고 쌍둥이와 막둥이 사이에 실랑이가 벌어졌어. 강이와 산이는 경회루 계단에 올라가려 했고, 막둥이는 둘을 막으려고 안간힘을 썼지.

"야, 이것 좀 놔!"

"강아, 산아! 제발 내 말 좀 들어."

그때였어. 멀리서 누군가가 경회루 쪽으로 오는 게 보였어. 그러자 막둥이는 더 격렬하게 둘을 끌어 내렸지.

"으악, 왜 이래?"

"쉿! 누군가 오고 있어. 얼른 내려와!"

막둥이는 강이와 산이를 끌고 경회루 계단 밑으로 몸을 숨겼어. 막둥이는 정신이 아득해졌어. 발자국 소리가 점점 크게 들리면 들릴수록 긴장감도 커져 갔지.

셋은 몸을 잔뜩 웅크리고 숨을 죽였어. 다리도 아프고 답답했지만 어쩔 수 없었어. 들키는 순간, 자신들은 물론이고 윤채 아저씨까지 위험해질 것 같았거든.

"막둥이 너 때문에 이게 무슨 꼴이야?"

산이가 다리를 두드리며 투덜거렸어.

"네가 막둥이한테 조르지만 않았어도 이런 일은 없잖아. 이산, 네 탓도 있어!"

"넌 말리지 않고 뭐했냐? 이강, 너도 잘못했거든?"

"둘 다 좀 조용히 해! 누가 오는지 보자."

"내가 알 게 뭐람! 얼른 돌아가기나 했음 좋겠다."

"산아, 좀 조용히 해."

강이는 쉴 새 없이 떠드는 산이의 입을 손으로 꾹 막았어. 산이는 퉤퉤거리더니 강이를 쓱 째려보고 말을 멈추었지. 강이는 산이가 조용해진 걸 확인하고 나서 계단 위로 살짝 고개를 내밀었어.

"대체 누구야?"

"음, 분위기가 심상치 않은데? 빨간색 옷을 입은 사람이야. 가슴과 양어깨에는 금색 무늬가 수놓아져 있어. 용 같기도 하고……."

강이가 경회루로 다가오는 사람의 차림새를 이야기했어. 강이의 이야기를 가만히 듣던 막둥이가 깜짝 놀라 되물었어.

"뭐라고? 용이 새겨진 붉은 옷을 입고 있다고?"

막둥이도 계단 밖으로 고개를 내밀었어. 그러고는 믿을 수 없는지 눈을 감았다 뜨기를 반복했지.

"전, 전하야!"

11. 아슬아슬한 만남

세종은 경회루에 올라 주위를 둘러보았어. 답답한 자신의 마음과는 다르게 주변 풍경은 몹시 평화롭고 아름다웠지. 세종은 머릿속에 있는 생각들을 비우려고 먼 산을 바라봤어.

"경회루에 오르니 가슴이 트이는구나."

강이와 산이, 막둥이의 귓가에 세종의 목소리가 들렸어.

"정말 그 세종 대왕이야?"

산이가 고개를 좀 더 내밀었어. 세종이 어떻게 생겼는지는 몰랐지만 한눈에 봐도 딱 임금이라는 걸 알 수 있을 만큼 위엄이 느껴졌지.

"우아, 눈앞에서 왕을 보다니!"

강이와 산이는 너무나 감격스러운 나머지 자꾸만 몸을 밖으로 뺐어.

"들키면 어쩌려고 그래? 어서 들어와."

막둥이가 흥분한 쌍둥이를 진정시켰어.

"전하, 전하……."

쌍둥이와 막둥이가 경회루 밑에서 복닥거리고 있을 때였어. 누군가가 서글픈 목소리로 계속 '전하'를 불러 댔지.

"이를 어쩌면 좋단 말인가……. 흐윽."

곧 세종이 흐느끼는 소리도 함께 들렸어. 사실 세종은 경회루에 오르던 순간부터 눈물을 삼키고 있었어. 그 모습을 본 내관은 어찌할 줄 몰라 계속해서 '전하'를 불렀던 거야.

"불쌍한 내 백성들을 어찌하면 좋을꼬! 글 모르고 사는 서러움이 얼마나 클까……."

"전하, 머지않아 훌륭한 뜻을 반드시 이루실 겁니다."

"내가 집현전 학사들을 감옥에 가두었네. 그들을 풀어 줄 수도, 계속 가둬 둘 수도 없는 노릇이야. 흐음……."

"전하, 마음을 굳건히 하시옵소서."

"나를 달래려는 마음은 알지만 지금은 어떤 말도 위로가 되지 않는구나. 내 곁에서 늘 '그러하옵니다'라는 말만 건네는 자네 아닌가?"

"농담을 하시는 걸 보니 이제야 좀 마음이 놓입니다."

"허허……."

세종에게 힘을 주려는 내관의 노력도, 세종의 허탈한 웃음도 그저 안쓰러웠지.

"한글을 다 만들고도 신하들의 반대 때문에 저렇게 고민하시다니……. 전하가 불쌍해."

강이가 슬픈 표정으로 말했어. 그때 산이가 불쑥 무릎을 쳤어.

"전하를 만나는 게 어떨까? 전하 덕분에 우리가 한글을 잘 쓰고 있다는 걸 알려 드리는 거야. 그러면 저렇게까지 슬퍼하지 않으실걸?"

"그러다가 집현전 학사들처럼 감옥에 갇히면 어쩌려고?"

강이가 고개를 절레절레 저었어. 하지만 산이는 무명옷 속에 입은 티셔츠를 가리키며 확신에 찬 눈빛으로 말했지.

"이 옷에 적힌 한글을 보시면 우릴 믿으실 거야. 윤채 아저씨도 막둥이도 그랬잖아."

"그래. 진심은 분명 통할 거야. 집으로 가기 전에 보람된 일 하나는 해야 되지 않겠어?"

강이가 마음을 바꾼 듯 말했어. 막둥이도 약간 걱정이 되었지만 조심스레 고개를 끄덕였지.

때마침, 세종이 내관을 거느리고 경회루를 내려왔어.

"얘들아, 지금이야!"

산이가 냅다 경회루 계단 밑으로 뛰어나갔어. 강이와 막둥이도 엉겁결에 따라나섰지.

"웬 놈들이냐?"

내관이 깜짝 놀라 세종을 감싸며 소리를 내질렀어. 셋은 무작정 넙죽 엎드렸어.

"전하, 저희는 쌍둥이 형제 강이와 산이입니다."

"저는 노비 막둥이라 하옵니다."

"네 이놈! 여기가 어디라고 함부로 모습을 보이느냐!"

내관은 목에 핏대를 세우며 호통을 쳤어. 산이는 화가 더 커지기 전에 황급히 말을 꺼내야겠다고 생각했어.

"전하, 꼭 드릴 말씀이 있습니다."

산이는 조심스레 고개를 들었어. 강이도 고개를 들어 간절하게 세종의 눈을 쳐다보았지. 막둥이는 여전히 땅에 머리를 박고 있었어.

"이놈들, 어서 머리를 조아리지 못할까?"

내관이 강이와 산이를 크게 나무랐어. 왕 앞에서는 머리를 조아리는 게 당연한 일이거든. 세종 역시 갑작스러운 강이와 산이의 등장에 흠칫

놀랐어. 하지만 자신을 쳐다보는 두 아이의 눈이 무척이나 맑고 순수하다고 생각했어. 눈빛에서 절실함까지 느껴졌지.

"그냥 두게."

내관이 행동을 멈추었어.

"그래, 무슨 얘기냐? 말해 보아라."

강이와 산이는 세종의 말이 끝나자마자 무명옷을 벗기 시작했어. 그러고는 한글이 큼지막하게 적힌 티셔츠를 내보였지.

"전하, 이걸 보세요. 한글, 아니 정음입니다!"

강이와 산이의 모습을 보던 세종과 내관이 깜짝 놀랐어. 다짜고짜 옷을 벗는 모습에 한 번, 정음이 적힌 옷을 입고 있는 모습에 또 한 번 놀랐지.

"대체 그게 무엇이냐? 너희는 누구기에 어찌 정음을 아느냐? 또 아직 세상에 내놓지도 않은 정음이 왜 거기에⋯⋯."

"전하, 그게 말씀드리자면 좀 긴데⋯⋯."

강이와 산이는 오늘 있었던 일들을 하나하나 이야기했어.

"하아, 이게 무슨 일인가. 정녕 꿈인가, 생시인가?"

세종은 혼잣말로 중얼거리며 깊은 한숨을 내쉬기를 반복했어. 하지만 시간이 지날수록 표정은 점점 밝아졌지.

"내관, 편전으로 가야겠다. 쌍륙궐람도 놀이판을 만든 집현전 서리를 당장 편전으로 들라고 하라."

"예, 전하!"

세종은 걸음을 재촉하다 말고 쌍둥이와 막둥이를 돌아봤어.

"너희도 함께 가자."

강이와 산이, 막둥이는 주먹을 불끈 쥐었어. 그러고는 서로 눈빛을 교환했지.

'이젠 됐다!'

12. 쌍둥이의 맹활약

"집현전 서리 윤채는 쌍륙궐람도 놀이판을 갖고 편전으로 들라는 어명이 있으셨네."

소식을 전해 들은 윤채는 그 자리에 주저앉았어.

'뭐가 잘못되어도 단단히 잘못되었어.'

윤채는 어명이라는 말에 깜짝 놀라 정신없이 쌍륙궐람도 놀이판을 챙겨 들고 편전으로 향했어. 그리고 편전에 도착하자마자 한 번 더 놀랐지. 문제의 쌍둥이가 그곳에 있었거든. 게다가 막둥이까지! 윤채는 어찌할 줄을 몰라 벌벌 떨며 바닥에 몸을 붙였어.

"어서 내게 쌍륙궐람도 놀이판을 보여 다오."

세종은 다짜고짜 놀이판을 보여 달라고 했어. 윤채는 조심스레 놀이판을 열어 세종 앞에 보였지.

"세상에……."

세종은 놀이판을, 아니 놀이판에 새겨진 정음을 한 글자 한 글자 어루만졌어. 그러고는 한참 동안 놀이판과 설명서를 주의 깊게 들여다본 뒤, 윤채에게 물었어.

"어찌 이런 생각을 하였느냐?"

"전하, 죽여 주시옵소서. 제가 감히……."

"그런 뜻이 아니다. 난 이 놀이판을 어떻게 만들게 되었는지 궁금할 뿐이다. 그러니 고개를 들고 말해 보아라."

윤채는 살며시 고개를 들어 세종을 바라보았어.

"집현전 학사들 어깨너머로 정음을 처음 보았을 때, 보통 글자가 아니라는 걸 느꼈습니다. 입으로 내뱉은 말이 종이 위에 써지는 게 재미있어서 따라 쓰곤 했습니다. 그런데 신기하게도 금방 글자를 익히게 되었습니다. 그래서 감히 제가……. 죽여 주시옵소서."

윤채는 말을 잇다 말고 바닥에 머리를 찧었어. 세종의 얼굴에 미소가 번지고 있다는 걸 모른 채 말이야.

"정음을 써 보니 어떻더냐?"

세종의 계속되는 질문에 윤채는 몸을 부들부들 떨기까지 했어.

"괜찮다. 숨김없이 말해 다오."

"아주 쉬웠습니다. 한자와는 다르게 아주 쉽게 익힐 수 있었습니다. 무엇보다 정음이 품고 있는 뜻이 예사롭지 않아 보였습니다."

"어떤 부분이 그렇더냐?"

"모음은 마치 세상을 안고 있는 것 같았습니다. 'ㆍ'은 둥근 하늘 같았고, 'ㅡ'는 평평한 땅, 'ㅣ'는 사람이 서 있는 모양과 비슷했습니다."

"자음은 어떤 것 같았느냐?"

"자음에서는 작은 우주를 보았습니다."

"어떤 점에서 그러했느냐?"

"자음의 모양은 소리 낼 때의 모양과 닮아 보였습니다. 자음은 어금니와 혀, 입술, 앞니, 목구멍이 움직이면서 소리가 났습니다. 제가 보기에 어금니는 단단한 나무이며 혀는 자유로운 불이고, 입술은 모든 걸 감싸는 흙, 앞니는 날카로운 쇠, 마지막으로 목구멍은 우물의 물과 닮은 것 같았습니다. 그리고 이 모든 것이 작은 우주처럼 보였습니다."

세종은 자음과 모음이 품고 있는 뜻을 아는 윤채가 그저 기특했어. 정음을 만들면서 품었던 뜻을 집현전 학사도 아닌, 서리가 알고 있는 게 놀라울 따름이었지.

"또 느낀 게 있느냐?"

윤채는 말실수를 할까 봐 두려웠어. 하지만 아무 말도 하지 않는 것보다 느낀 것을 빠짐없이 전하는 게 좋겠다는 생각이 들었어.

"전하, 제가 정음이 보통 문자가 아니라고 느낀 가장 큰 이유는 음양의 조화를 보았기 때문입니다. 자음과 모음은 홀로 있을 때에는 글자가 되지 못합니다. 둘이 만나서 하나의 글자가 되는 모습은 마치 음과 양이 조화를 이루는 것과 같았습니다."

"가히 놀랍구나. 어찌 너처럼 뛰어난 재주를 가진 자가 집현전 서리에 머물러 있단 말이냐?"

"제가 뛰어난 게 아니라 정음이 훌륭하여 그런 것이옵니다. 백성들도 저와 같이 금세 익힐 수 있을 것 입니다. 그러면 곧 조선은 힘 있는 나라가 될 것입니다."

음양오행을 담고 있는 훈민정음

세종은 글자 하나에도 세상의 이치를 담았어. 글자 속에 어떤 걸 담아냈을까? 먼저 자음에는 오행의 사상을 담았어. 오행이란 나무, 불, 흙, 쇠, 물을 가리키는데, 예부터 우리 조상들은 오행이 우주를 이루고 있다고 생각했어. 그래서 세종은 자음의 기본 글자인 ㄱ, ㄴ, ㅁ, ㅅ, ㅇ에 각각 나무, 불, 흙, 쇠, 물의 뜻을 담으려 했어. ㄱ은 어금니가 부딪치면서 소리 나는데, 어금니는 딱딱한 나무와 같다고 생각했어. 또 ㄴ은 혀가 움직이면서 소리 나는데, 혀는 불의 움직임과 비슷하다고 믿었지. ㅁ을 소리 낼 때 맞붙는 입술은 흙을, ㅅ을 소리 낼 때 스치는 앞니는 날카로운 쇠를, ㅇ을 소리 낼 때 동그랗게 변하는 목구멍은 우물과 닮아서 물과 같다고 했어.

자음이 오행을 품고 있다면 모음은 음양의 사상을 담고 있어. 음양은 음과 양을 말하는데, 쉽게 말해서 여자와 남자, 물과 불처럼 서로 다른 성질을 가진 것들을 가리켜. 세종은 모음 중에서 ㅏ, ㅑ, ㅗ, ㅛ는 밝고 따뜻한 기운을, ㅓ, ㅕ, ㅜ, ㅠ는 어둡고 차가운 기운을 갖고 있다고 생각했어.

이처럼 세종은 자음에는 오행을, 모음에는 음양의 사상을 담아 자연의 질서를 보여 주려 했어. 그리고 음양과 오행이 서로 조화를 이루는 것처럼 자음과 모음도 조화롭게 어우러져야만 비로소 하나의 글자가 완성된다고 했어.

　세종은 흐뭇한 얼굴로 연신 고개를 끄덕였어.

　"막둥이 너도 정음을 써 보았느냐."

　"네, 전하. 저는 윤채 나리에게서 정음을 배웠습니다. 저도 이제 더 이상 까막눈이 아닙니다."

　세종은 감격스러웠어. 자신의 노력이 헛되지 않다는 걸 눈으로 확인했거든.

　"그런데 왜 하필 궁궐 유람인가? 팔도 유람, 아니 세계 유람도 만들어 보게. 그리고 그때는 꼭 왕의 말도 만들어 주어야 한다."

　"예?"

　윤채는 어안이 벙벙했어. 옆에서 가만히 상황을 지켜보고 있던 강이와 산이가 말을 꺼냈어. 이제 자신들이 나서야 될 때인 것 같았지.

　"전하, 한글은 우리나라 사람들뿐만 아니라 전 세계 사람들에게서 인정받는 글자입니다."

　"그게 정말이냐?"

　"네. 어떤 나라에서는 자신의 말을 글로 적기 위해서 한글을 빌려다 쓰기도 합니다."

"참으로 이로운 일이로구나!"

세종의 눈에 눈물이 차올랐어. 경회루에서 훔친 눈물과는 달리 기쁨으로 가득 찬 눈물이었지.

"전하, 한글을 만들어 주셔서 고맙습니다."

"전하, 반대하는 사람들이 있어도 끝까지 힘내세요."

"고맙다. 잠시 마음이 약해졌었구나."

세종은 흐뭇한 미소를 지었어. 하지만 마음 한쪽은 여전히 아팠어. 평생 자신을 지켜 준 최만리가 생각났기 때문이야. 그때였어. 궁궐 어딘가에서 어렴풋이 징 소리가 울렸지.

"전하, 강이와 산이가 곧 돌아가야 할 시간이옵니다. 유람이 하루를 넘기면 안 되기에……."

윤채는 조심스레 세종에게 말했어. 세종은 너무나 아쉬웠어.

"만나자마자 헤어지다니 아쉽구나. 조심히 가거라. 부디 정음을 소중히 지켜 다오."

강이와 산이는 세종에게 공손히 인사를 하고, 뿌듯한 마음으로 편전을 나왔어.

"꿈을 꾸는 것 같아. 내가 세종 대왕을 직접 보다니……."

"우리 오늘 큰일 한 거 맞지?"

강이와 산이는 흥분을 쉽게 가라앉히지 못했어. 윤채 아저씨는 둘을 흐뭇하게 바라보았지.

"정말 큰일 했다. 고맙구나. 그나저나 얼른 서둘러야 한다. 사대문이 닫히면 너희가 사는 곳으로 돌아갈 수 없어."

"잠깐만요! 아저씨, 우리에게 시간이 얼마 남았어요?"

강이가 갑자기 걸음을 멈추고 물었어.

"음, 아직 두 식경 정도 여유가 있단다. 그러니까 대충 한 시간 정도 남았어."

윤채 아저씨의 말을 들은 강이는 산이에게 귓속말을 했어. 산이는 흠 칫 놀라더니 이내 고개를 끄덕였지.

"아저씨, 저희를 최만리 부제학에게 데려다 주세요."

"뭐라고? 그건 안 된다. 이런 상황에서 너희가 잘못 행동하면 전하에게 해를 끼칠 수 있어."

"최만리 부제학께서 계속 반대한다면 전하께서 매일 속을 태우실 거예요. 최만리 부제학의 마음을 돌려야 해요. 그분을 뵙게 해 주세요."

"절대 안 돼."

"아저씨도 전하도 결국 저희를 믿으셨잖아요."

강이와 산이는 번갈아 가며 아저씨를 졸랐어. 그때 막둥이가 말없이 윤채 아저씨의 팔을 잡았어. 어서 가자는 뜻이었지. 아저씨는 잠시 생각에 잠기더니 이내 고개를 끄덕였어.

윤채와 쌍둥이, 막둥이는 잰걸음으로 의금부로 향했어. 최만리를 만날 수 있게 하라는 세종의 서찰도 함께 들고 말이야. 최만리는 감옥에서도 한 치의 흐트러짐 없이 꼿꼿하게 자리를 지키고 있었어. 그 모습에 강이와 산이는 약간 주눅이 들었지.

"무슨 일이냐?"

최만리가 낮고 강한 목소리로 말했어. 그러자 윤채가 허리를 굽혀 인사부터 했어.

"영감, 건강은 어떠신지요?"

"괜찮다. 내 건강을 물으러 여기까지 온 건 아닐 테고, 집현전에 무슨 일이 생긴 것이냐?"

"그것이 아니오라……."

윤채는 무슨 말을 어떻게 꺼내야 할지 막막했어. 그때 산이가 무명옷을 벗었어. 강이도 산이를 따라 옷을 벗었지. 또 머리카락을 가린 무명 띠도 풀었어.

"무슨 짓을 하는 거냐? 대체 이 아이들은 누구이고!"

최만리는 엄한 목소리로 윤채를 다그쳤어. 그러자 강이가 형답게 먼저 나섰어.

"저희는 강이와 산이라 합니다. 드릴 말씀이 있습니다."

밑도 끝도 없이 나서는 강이 때문에 최만리의 표정이 일그러졌어.

"그게 말이죠……."

강이와 산이는 말을 쏟아 내기 시작했어. 마음이 급하다 보니 이야기가 뒤죽박죽되어 버렸지. 쌍둥이가 꺼낸 황당한 이야기에 최만리는 기가 막혔어.

"지금 내가 감옥에 갇혔다 하여 나를 우습게 보느냐? 어찌 이런 장난을 친단 말이냐?"

최만리는 잔뜩 화를 냈어. 윤채는 무릎을 꿇고 땅에 머리를 조아렸지.

"하늘에 맹세코 영감을 우습게 본 적 없습니다. 장난치는 건 더더욱 아닙니다."

"네 이놈! 지금 이게 나를 놀리는 게 아니면 무어란 말이냐!"

"영감, 믿어 주십시오."

윤채는 문을 붙잡으며 말했어. 그때 멀리서 징 소리가 한 번 더 울려 퍼졌지. 이제 남은 시간은 한 식경. 삼십 분 안에 이 상황을 정리해야만 해.

"부제학 할아버지!"

성격 급한 산이가 최만리를 불렀어. 마음이 급하니 호칭도 바꾸어 버렸지.

"할아버지께서는 훌륭한 학사라고 들었어요. 좋은 신하이기도 하고요. 그런데 왜 한글을 반대하시는지 모르겠어요."

최만리는 당돌한 산이의 태도에 흠칫 놀랐어. 최만리가 생각을 정리할 틈도 없이 강이가 연이어 말했지.

"중국을 따르는 게 우리나라를 위한 길이라고 하셨죠? 그런데 나중에는 오히려 중국 사람들이 우리나라를 알고 싶어 해요."

"어린 녀석들이 못하는 소리가 없구나! 썩 물러가거라!"

최만리가 엄하게 호통쳤지만, 오히려 강이와 산이는 절대 물러서지 않겠다는 표정을 지었지.

"지금은 중국 사람들이 우리 글자인 한글을 배우고 있어요. 중국 사람들뿐만 아니라 여러 나라 사람들도 마찬가지고요. 인도네시아의 찌아찌아족, 태국의 라후족, 또……."

"그만, 그만들 하라! 헛소리 그만두지 못할까?"

최만리는 태어나서 처음 들어 보는 소리에 정신이 혼미해졌어. 그때 윤채가 조심스레 입을 열었어.

한글, 세계로 뻗어 나가다

인도네시아에 있는 '찌아찌아'라는 부족은 문명과 기술을 받아들이지 않고 자기 문화를 지켜 온 민족이야. 그런데 찌아찌아족에게는 자신의 말을 글로 옮길 수 없다는 문제가 있었어. 인도네시아어를 적는 로마자가 있긴 했지만 부족의 말을 완벽하게 적을 수 없었지. 혹여 자신들의 말이 사라질까 두려워진 찌아찌아족은 부족의 말을 온전히 옮겨 적을 수 있는 글자를 찾기 시작했어. 그러다가 알게 된 것이 한글이고, 2009년부터 한글을 받아들이게 된 거지.

놀라운 점은 찌아찌아족뿐만 아니라 볼리비아의 아이마라족, 태국의 라후족들도 자신들의 말을 지키기 위해서 한글을 쓰고 있다는 거야. 세종이 힘없는 백성들을 지키기 위해 한글을 만든 것처럼, 한글은 세계 곳곳에 있는 소수 민족들의 말과 문화를 지켜 내는 희망의 글자가 되고 있어.

"영감, 이 모든 것은 전하의 허락으로 이루어진 것입니다. 전하께서도 이 말을 믿으셨습니다."

"뭣이라? 이 황당한 말을 전하께서 믿으셨을 리 없다."

최만리는 고개를 내저었어. 믿을 수도, 믿고 싶지도 않았지.

"할아버지, 저희 학교 선생님께서 그러셨는데요. 한글이 없었다면 우리나라가 발전하지 못했을 거래요. 땅도 좁고 자원도 많지 않은 나라가 크려면 열심히 배워야 한다고 하셨어요. 그러려면 가장 먼저 글자부터 배워야 해요."

강이가 차분하게 말을 이었어. 어린아이의 말이었지만 한 마디 한 마디가 옳았지. 하지만 최만리는 강이의 말을 쉽게 받아들일 수 없었어.

"언문이 있어야 배움이 있다는 말은 억지스럽구나. 배우려는 마음만 있다면 한자로도 충분하다."

이번엔 산이가 나섰어.

"한자는 너무 어려워요. 외울 것도 많고 쓰는 것도 어려워요. 저뿐만 아니라 조선 백성들도 그럴 거예요. 한글은 쉽고 쓰기가 편해서 누구나 배울 수 있어요. 그렇게 되면 많은 사람들이 책을 읽을 수 있게 되고, 그런 사람들이 모이고 모이면 자연스레 나라가 발전할 거예요. 왜 그걸 모르시죠?"

최만리의 얼굴이 순식간에 일그러졌어. 강이는 좀 지나쳤다 싶었는지 산이의 옆구리를 꾹 찔렀지. 강이는 산이를 대신해서 다시 설득하기 시작했어.

"할아버지, 한글이 없었다면 우리나라는 몇백 년이 지나도록 다른 나라만 따르게 될 거예요. 절대 다른 나라를 이끄는 나라가 되지 못할 거라고요. 이게 할아버지가 바라는 건가요?"

"뭐, 뭐라?"

최만리는 당황했어. 왜냐하면 나라를 크게 세워 다른 나라의 본보기가 되어야 한다는 생각은 항상 갖고 있었거든.

"한자로는 우리말을 정확히 옮길 수 없어요. 하지만 한글로는 우리의 생각과 말을 쉽고 편하게 적을 수 있어요. 그렇게 되면 우리의 생각이 저절로 깊어질 거예요."

최만리를 설득하기 위해서 이런저런 말을 늘어놓다 보니, 어느 순간 한글이 정말 자랑스러워졌어. 그리고 한글을 사랑하는 마음도 갖게 되었지.

"최만리 할아버지, 전하께서 한글을 펼 수 있도록 도와주세요. 무조건 반대하지 마시고요."

"부제학 할아버지, 전하께서 눈물 흘리지 않게 옆에서 힘을 주세요."

강이와 산이가 간절하게 말했어. 그런 모습을 보는 최만리의 마음도 편하지만은 않았어. 백성을 생각하는 세종의 모습이 계속 떠올랐기 때문이야.

"시간이 거의 다 되었다. 이제 정말 돌아가야 할 것 같구나."

윤채가 강이와 산이를 재촉했어. 강이와 산이는 최만리의 마음을 완전히 돌리지 못한 것 같아 마음이 조급해졌지.

"부디 전하를 응원해 주세요."

"한글은 우리나라를 빛내는 보물이에요."

강이와 산이는 한글이 적힌 티셔츠를 한 번 더 보여 주며 최만리에게 한마디씩 했어. 최만리는 잠자코 쌍둥이를 바라보기만 했지.

강이와 산이는 서둘러 의금부를 나섰어. 뒤따르던 윤채 아저씨가 강이가 출발했던 광화문을 가리켰어.

"얘들아, 저기로 가면 된단다. 조심히 가렴."

"아저씨, 보고 싶을 거예요."

"막둥아, 잘 지내."

막둥이는 고인 눈물을 훔치며 쌍둥이에게 손을 내밀었어.

"앞으로 부지런히 정음을 배우고 지킬 테니, 너희들도 그곳에 돌아가서 정음, 아니 한글을 아껴."

"물론이지. 이제 정말 갈게. 안녕."

"아저씨, 안녕히 계세요."

강이와 산이는 인사를 끝내자마자 부랴부랴 달리기 시작했어. 광화문에 가까스로 도착한 순간, 징 소리가 크게 울렸지.

훈민정음 창제 프로젝트 4단계

* 훈민정음을 널리 알려라 *

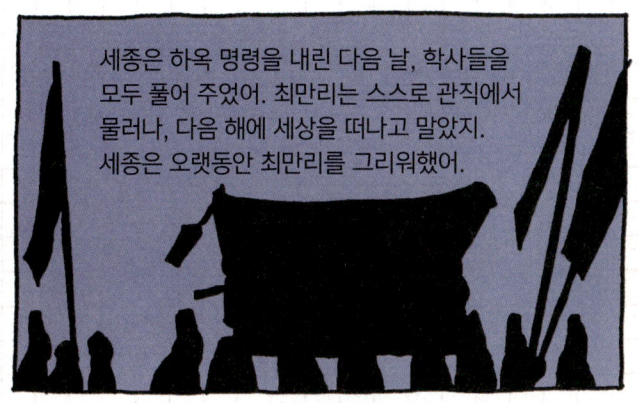

* 훈민정음 *

《훈민정음》은 훈민정음의 쓰임을 풀이해 둔 설명서 같은 거야.
글자 이름과 같아서 '훈민정음 해례본'이라고도 불러.

1. 세종의 서문 세종이 훈민정음을 만든 이유를 밝히는 부분이야.
나라말이 중국과 달라 불쌍한 백성들이 말하고 싶은 것이 있어도
그렇게 하지 못하는 사람이 많다.
내가 이를 안타깝게 여겨 새로 스물여덟 글자를 만들었다.

2. 예의 세종이 훈민정음 한 자 한 자를 소리 내는 방법을 설명하는 부분이야.
ㄱ은 어금닛소리로 군(君) 자에서 처음 나는 소리와 같다.
또 나란히 쓰면 뀨(虯) 자의 처음 소리와 같다.

3. 해례 집현전 학사들이 훈민정음의 소리를 좀 더 자세하게 설명하는 부분이야.
훈민정음 스물여덟 글자는 입 안의 모양을 본떠서 만들었다.
어금닛소리 ㄱ은 혀뿌리가 목구멍을 닫는 모양을 본뜬 것이다.

4. 정인지의 서문 정인지가 훈민정음의 창제 이유와 우수성을 말하는 부분이야.
우리나라가 빌려 쓰는 한자는 우리말과 맞지 않다.
그리하여 전하께서 정음 스물여덟 글자를 만들었다.
아주 간단하여 누구든 쉽게 배울 수 있다.

14. 한글, 무사히 태어나다

산이가 잠에서 깼어. 옆을 보니 강이가 자고 있었지. 문제의 쌍륙궐람도 놀이판도 함께 놓여 있었어.

'내가 꿈을 꾼 건가?'

산이는 강이를 흔들어 깨웠어. 강이도 잠시 생각에 잠겼어.

"너, 생각나?"

강이의 물음에 산이가 말없이 고개를 끄덕였어.

"어떻게 되었을까?"

"우리가 한글을 쓰고 있는 걸 보면 무사히 세상에 나왔나 봐."

"그럼 최만리 할아버지와 집현전 학사들은?"

궁금한 게 많아진 강이와 산이는 가까운 도서관으로 한달음에 달려갔어. 어려서부터 놀이터 삼아 매일 들르는 곳인데, 여느 도서관하고는 조금 달라. 사서 선생님들이 아이들의 이름을 하나하나 불러 주고, 도서관을 세운 관장님도 늘 앞치마를 두른 채 아이들을 반갑게 맞아 주었지. 특히 관장님은 아이들이 어떤 걸 물어도 척척 대답해 주는 척척박사 할머니로 통해.
"안녕하세요, 한글에 관한 책 좀 찾아 주세요."
"아, 세종 전하랑 최만리 할아버지도요!"
사서 선생님이 놀라서 강이와 산이를 보았어.

"어머나, 만화 쪽만 기웃거리던 녀석들이 웬일이래? 또 세종 전하랑 최만리 할아버지는 뭐야?"

그때 관장님이 다가왔어.

"강이와 산이가 궁금한 게 있나 보구나?"

"관장 할머니, 최만리 할아버지, 아니 최만리가 반대 상소를 올린 게 사실이에요?"

옆에 있던 사서 선생님이 또다시 놀란 표정을 지었어. 관장님이 미소를 살짝 머금었지.

"사실이란다. 그런데 그걸 어떻게 알았니?"

"그건 비밀이에요."

강이와 산이가 키득거렸어.

"최만리는 어떻게 되었어요? 계속 감옥에 갇혔어요?"

"세종 임금을 도와주었나요?"

관장님은 쌍둥이의 머리를 쓰다듬었어.

"최만리의 상소는 아주 유명해. 세종은 반대 상소를 올렸던 신하들을 감옥에 가두었고……."

"맞아요! 사실이에요."

관장님은 마치 그 일을 본 것처럼 말하는 강이와 산이가 무척 귀여웠

어. 강이와 산이는 궁금해서 못 견디겠는지 떠오르는 대로 마구 질문을 던졌지.

"너희들이 궁금해하는 것들이 여기에 다 있단다."

관장님은 책꽂이에서 몇 권의 책을 꺼냈어. 꽤나 오래되어 보이는 책이었지.

"나는 세종이 정말 자랑스럽단다. 그래서 세종과 한글에 관한 책들을 자주 찾아서 읽곤 해. 우리 강이와 산이도 그 일에 관심이 있다니 정말 반갑구나."

"관장 할머니, 여기에 그런 이야기가 나와요?"

"상소를 올린 다음엔 어떻게 되었나요?"

강이와 산이는 관장님이 얼른 대답해 주기만을 기다렸어.

"하하하. 이 녀석들, 정말 궁금한가 보구나. 세종은 다음 날 바로, 최만리를 풀어 주었단다. 나머지 학사들도 모두 다 말이야."

"와, 정말요?"

"하루 만에 용서해 주었다고요?"

강이와 산이는 자신들이 떠난 뒤의 일들이 더욱더 궁금해졌어.

"속된 선비라고 꾸지람을 듣던 정창손을 관직에서 물러나게 하고, 나중에 말을 바꾼 김문에게는 벌금을 내라고 했지. 처음에는 김문에게 곤장 백 대와 노역 삼 년이라는 벌을 주었는데, 결국 노역도 시키지 않고 곤장도 맞지 않도록 했단다. 정창손도 곧 돌아와 최만리에 이어 부제학 자리에 올랐지."

"그럼 최만리는요?"

"설마 쫓겨난 거예요?"

강이와 산이는 깜짝 놀랐어.

"감옥에서 풀려난 최만리는 스스로 관직에서 물러났단다. 그런 뒤에 고향으로 곧장 내려갔지. 그런데 안타깝게도 그다음 해에 세상을 떠나고 말았어."

"말도 안 돼요. 우리가 만났을 때만 해도 괜찮아 보였는데……."

강이가 산이의 입을 급히 틀어막았어. 관장님은 산이의 말에 고개를 갸우뚱했어.

"왜 그만두었어요? 갑자기 세상을 떠난 이유는 또 뭘까요?"

"그건 기록에 남아 있지 않아서 잘 몰라."

강이와 산이는 최만리가 가엾고 불쌍해졌어. 꼿꼿하게 앉아 있던 최만리의 모습이 계속 떠올라서 마음이 아팠지.

"한글은요? 세종 대왕은 계속 한글을 펴냈나요?"

"그렇고말고! 그리고 《훈민정음》이라는 책도 펴냈단다. 이 책이 나중에 세계 기록 유산까지 되었잖니?"

자랑스러운 이름, 세종 대왕

유네스코는 해마다 교육, 문화, 과학 등에서 뛰어난 결실을 이룬 사람에게 상을 주고 있어. 그중 하나가 '세종 대왕 문맹 퇴치상'이야. 이 상은 글을 모르는 백성들을 위해 글자를 만든 세종을 기억하기 위해 만들어졌어. 세종처럼 가난하고 힘없는 사람들에게 배움의 기회를 주는 사람이나 단체는 세종 대왕 문맹 퇴치상을 받아.

이처럼 세종은 전 세계적으로 존경받고 있어. 일본의 천문학자인 와타나베 가즈오는 평소 세종을 너무나 존경한 나머지 자신이 발견한 별에 '세종'이라는 이름을 붙이기까지 했어. 또 미국 델라웨어 주에 있는 호텔에도 '세종'이라는 방이 있을 정도로 세계 여러 사람들이 세종의 정신을 아주 높이 칭찬하고 있지.

강이와 산이는 힘없이 고개를 끄덕였어. 한글이 널리 퍼진 건 기뻤지만 아까부터 최만리의 모습이 잊혀지지 않았거든. 관장님도 그런 쌍둥이의 마음을 읽었는지 함께 안타까워했어.

"나도 최만리가 궁금하단다. 감옥에서 무슨 생각을 했기에 그런 결정을 했을까 하고 말이야."

관장님은 말끝을 흐렸어. 그러고는 이내 미소를 지으며 말했지.

"너희가 그 이유를 상상해 보는 것도 좋을 것 같구나. 최만리를 직접 만나 보는 상상 말이야."

"네에?"

"꿈속에서라도 만날 수 있을지 혹시 아니?"

강이와 산이가 화들짝 놀랐어. 아주 잠깐 자신들이 겪은 일들을 털어놓을까도 고민했어. 하지만 쌍륙궐람도 놀이판의 비밀은 영원히 비밀로 남겨 두기로 했어. 이 책을 펼친 너희들도 비밀을 지켜 줄 거지?

※ 표지 배경으로 쓰인 '훈민정음 언해본'은 문화재청에서 제공하는 이미지를 참고하였습니다.
※ 71쪽에 사용된 자음과 모음 그림은 문화체육관광부에서 제공하는 《누구나 알아야 할 한글이야기》(국어문화원 지음)을 참고하였습니다.

놀이도 즐기고! 퀴즈도 풀고!

쌍둥이 가족들이 즐긴 쌍륙궐람도 놀이도 해 보고, 쌍둥이가 진짜 궁궐 유람을 한 곳도 맞혀 봐요.

[준비물]
주사위 두 개, 말 일곱 개, 어명 카드 여러 개
* '뒤로 한 칸', '앞으로 세 칸' 등처럼 재미있는 문구를 넣어서 직접 어명 카드를 만들어 보세요.

[놀이 방법]
① 주사위를 던져 큰 숫자가 나온 사람부터 원하는 말을 고르고, 출발지를 정한다.

② 주사위 두 개를 던져 나온 두 수의 합만큼 말을 움직인다.

③ '어명'이라고 표시된 곳에서는 어명 카드를 한 장 뽑아서 적힌 대로 따른다.

④ 주사위 모두 육이 나올 경우에는 '쌍륙일세'를 외치고 열두 칸을 움직인다. 이때 주사위를 한 번 더 던질 수 있다.

⑤ 출발지에 먼저 도착한 말이 이긴다.

* 퀴즈 정답은 뒷면에서 확인하세요.

경복궁 쌍륙궐람도 놀이판

쌍둥이들이 이곳으로 진짜 유람을 떠났어. 조선 시대 연구 기관으로, 학사들이 학문을 닦고 책을 펴낸 곳이야.

나랏일을 의논하는 중요한 기관이야. 세종이 《윤회》 번역을 지시하기 위해서 몇몇 학사들만 따로 불러낸 곳이기도 해.

- 경복궁 서문 영추문
- 흠경각
- ③ ★어명★
- ④ 세종이 답답한 마음에 올라간 장소야. 여기에 올라가면 속이 뻥 뚫린다고!
- 아미산
- 집경당
- 함화당
- 경복궁 북문 신무문
- ③ ?
- ★어명★
- 승정원
- 홍문관
- ② ?
- 내병조
- ① 경복궁의 남문이면서 정문인 여긴 어딜까?
- ★어명★
- 홍례문
- 영제교
- 근정문
- 근정전
- ⑥ 쌍둥이들이 진짜 유람을 하기 전에 산이가 출발한 곳이야. 경복궁 동쪽에 있는 문이지.
- 교태전
- ⑤ 왕이 주무시는 곳이야. 여길 지나갈 때에는 행동을 조심해야 해.
- ★어명★
- 사정전
- 자선당
- 비현각